JN023911

次はこうなる

特別編

「株式」「為替」「コイン」への
私の投資とおススメ

田舎の投資家　齢80

渡邉 秀雄

次はこうなる　2023年後半〜

相場研究家

市岡 繁男

「株式」「為替」「コイン」への私の投資とおススメ

田舎の投資家　齢80

渡邉 秀雄

第 I 章

幼少期から青年期
——自己紹介を兼ねて

始めてのお金儲けはくず鉄拾い

　物心ついたとき、周囲一帯は、焼け野原でした。B29の爆撃のせいです。その焼け野原が、子供たちの唯一の遊び場でした。

　焼け野原のなかには、軍需工場であったところがあり、そこには焼け焦げた鉄くずが散乱していました。

　年長のリーダーが私たちを集めて、その鉄くずを拾ってくるように命令しました。

　私たちはリーダーの命令に従って、その鉄くずを一生懸命に拾い集めました。手際よくどこからかリヤカーを持ってきた仲間がいて、そのリヤカーに焼け焦げた鉄くずを乗せて、鉄屑商に売りに行きました。

　鉄くずは、予想をはるかに上回るいい値で売れました。私たちは、仕事に応じた分配金をもらいました。そうして、一目散に駄菓子屋へ。

　駄菓子屋で、わけまえの一部で、かねてから目をつけていた板チョコを買いました。その板チョコは、ホンモノのチョコレートではなかったのですが、とても甘くて、私たちにとっては、とびっきりのご馳走でした。

山積みにされた土管に腰かけて、その板チョコを、舐めました。そして、まる1日かけて、大切に食べました。まさに至福の1日でした。

露天商の手伝いもしました

　アメリカ兵から貰ったガムも食べました。年長者が、まず一かけらを噛み、そのあと順番に噛んでいって、最後が私でした。

　初めてガムを噛んだときの食感は、今も口の中に残っています。ガムが、甘いものであることを知ったのは、随分後になってからです。

　露天商の手伝いもしました。客が近づいてきたとき「腹が空いた！」というのが、私のセリフでした。私の「腹が空いた！」は、真に迫るものがあるとよく褒められたのですが、私は実際にいつも物凄くお腹が空いていました。

　お金にはならない悪いことも、冒険もしました。

　駅近くに進駐軍の酒場があり、酔って寝ているアメリカ兵に、レンガをぶつけて、命からがら逃げたことがありました。

　ガード下で、拳銃の試し撃ちを見たこともありました。

　先輩や年長者から、自分の知らないことを教えて貰い、なによりも実際に経験することが大切なことを知り、いまも心に残っています。

　これらが、私のお金儲けの入り口でした。

切手投資は「別品」で

　切手趣味週間に"見返り美人""月に雁"などの大型切手が発行されたのを機に、切手収集ブームが起きました。

　私も切手を集めるようになり、あるとき不思議な現象に気付きました。熱狂的な切手収集ブームが、数年ごとに訪れるのです。切手収集ブームには、"サイクル"があることに気付きました。

　"見返り美人""月に雁"は、何度か上がったり下がったりして、その後、40年近く下がったままです。ということは、今が買い時だということです。

　しかし、買うのなら「別品」にすべきです。裏の糊がほんの少し剥がれていたり、折った跡があったり、ほんの少しでも汚れや傷があると、途端に値打ちが下がってしまいます。何一つ問題のないのが「別品」です。

　「別品」は今でも値が張りますが、"見返り美人""月に雁"が値上がりし始めると、驚くほど値上がりするはずです。

財産は、お金・土地・物に三等分

　切手収集のご縁で、武士の末裔である老紳士と知り合いになり、よくお宅に遊びに寄せてもらいました。

　膨大な収集品を見せてもらいながら、年若い私に噛んで含めるように明治からの歴史を諭されました。

　家老であった先々代は、廃藩置県で土地と俸禄を失われました。嫁いで来られた奥様の実家は、大地主でしたが、敗戦の農地解放で、土地をすべて失くされました。

　その方から、それらじつにさまざまなことを教えられました。その教えをまとめると、次のようになります。

　王様と盗人には気をつけよ。

　財産は、お金・土地・物に、三等分にして持て。

　"物"は、値上りするものにする。

　自分の住む土地以外は持たぬこと。

　金と白金の価格の大転換を利用せよ。

　教えていただいたことは他にも沢山あり、70年ほども前のことですが、真剣なお顔が、今でも思い浮かびます。

「彼を知り、己を知れば、百戦危うからず」が要です

　幼いころ、よく見ていた米兵は、酒を飲み、嫌がる日本女性をぞんざいに扱っていました。そのような米兵の母国である米国に、なぜ日本がボロ負けしたのか。不思議でなりませんでした。ぜひ自分の目で、太平洋の激戦地や敵国アメリカを見て歩きたいと、かねがね思っていました。そうしたところ、20歳を越えたころ、海外渡航が自由になり、思いを遂げることができました。

　太平洋諸島のジャングルは、人跡未踏の樹林で覆われ、毎日のように激しいスコールが降りました。毒虫や毒蛇が待ち構えていました。マラリヤが蔓延する島も少なからずありました。

　歩行するさえ困難な、このようなジャングル地帯に、重装備の日本兵を上陸させたのです。弾薬や糧秣（元は兵員の食糧と軍馬のまぐさ。ここでは兵員の食糧）を搬送することは容易ではなく、多くの将兵が戦死といっても餓死であったことは、簡単に想像がつきました。

　アメリカ大陸については、バス旅行をすることにより、よく分かりました。スケールがすべて途方もなく大きいのです。露天掘りの鉱山が数多く操業しており、無数の油井（ゆせい。原油を採掘するために使う油田の井戸）が、至るところにありました。

　とても戦う相手ではない。絶対に勝てない。そのことが、すぐにわかりました。

　ミッドウェー海戦とともに、太平洋戦争における攻守の転換点

となったガダルカナル島は、日本から5,500キロ離れたソロモン諸島にある密林の島でした。アメリカとオーストラリアを結んだ線上にあり、日本海軍はここを両国の連携を阻む前線基地にしようと、飛行場を建設しました。その飛行場が、1万人を超える米軍の上陸部隊により、あっけなく取られてしまいました。

その飛行場の奪回を期して送り込まれた日本のも陸軍部隊は、900人あまりでした。敵軍の規模を完全に読み違えたのです。日本陸軍は、夜間に銃の先に剣を装着した白兵突撃を行い、翌朝には777名が遺体になっていたそうです（「NHK　戦争を伝えるミュージアム」より）。

ガダルカナル島では、そのようにしてなくなった戦死者のほかに、多数の餓死者を出してしまい、軍艦、航空機、燃料、武器なども失いました。

このことが代表的な例だと思うのですが、東京で作戦を立てていた大本営は、戦場の実情を熟知できていたのでしょうか。

「知らないことには手を出さない」、私の投資哲学です。

私が、株式投資に本格的に取り掛かる時に、市岡先生の緻密なチャートに出会い、それまで疑問に思っていたことが氷解しました。株式投資の「彼を知り、己を知れば、百戦危うからず」のバイブルとなったのです。

次に私自身の現在の投資と「円の瓦解、日本国の消滅」という私の年来の主張を述べます。

第Ⅱ章

確実に起きる未来

　明治維新以来、富国強兵政策により、日本人本来の努力、勤勉さによって、僅か数十年後には、経済、軍事力は大発展を遂げ、諸外国と軋轢が生じ、日清、日露戦争を戦い、とうとう太平洋戦争に至りました。

　明治維新から77年後の1945年、日本は「無条件降伏」を受諾。そのことが、貨幣によく表れています。

　進駐軍のアメリカは、占領政策として、昭和21年春早々、拾圓札を発行。日本の紙幣なので国会議事堂が描かれていますが、その国会議事堂は「米（国）」とおぼしきもののなかに捕えられています。日本の政治、経済などのすべてはアメリカの支配下にある、ということなのか。

　右横には「菊」の紋章が描かれているが、二重の鎖で縛られている。「菊」が二重の鎖で縛られている、ということか。

　左から右に、米国とも読めます。

　昭和23（1948）年、約3グラムの「一円黄銅貨」が発行されました。

　明治3（1870）年に発行された「一円貨」は、銀貨であり、重量は約27グラムでした。

　堂々たる約27グラムの「一円銀貨」が、終戦後には約3グラム

の「一円黄銅貨」になったのです。その間、わずか78年です。

円の瓦解、日本国の消滅

「確実に起きる未来」は何故判るのか。

　人間の日々の営みによる歴史は、繰り返しの連続でしかありません。

　明治新政府は列強に負けないように、明治4年、重さ約17gの堂々たる10円金貨を発行しました。

　その僅か80年後、日本は敗戦により、占領されて一つの時代が終わりました。

　その戦後の昭和26年、重さ約4gの10円銅貨が発行されました。

　これは、80年程で国家体制が崩壊して、大インフレーションが襲ってきたことを、端的に表しています。

目前に迫る大インフレ
"円"の瓦解と"日本国"の消滅

　日本の国家財政の破綻する日が、刻々と迫ってきています。

　また資源不足、特に食料を中心とした世界的な不足は、ハイパーインフレを引き起こし、じつに信じられないことですが、いまのこの日本で飢饉が起こりかねないということです。

　つまり、現在の異次元の金融緩和政策下において、突如として、金利が上昇し始めると、たちまち国債価格は大暴落します。

　国債を大量に保有している金融機関等は、大損失となり、換金不能の事態さえ予測されます。

　これは先頃"ロクイチ国債（1978年から1979年にかけて発行された表面利率6.1%の国債）"で起きたことです。急激な金利上昇によって国債価格が大暴落し、債券市場は大混乱に陥ったのです。

　反面、貸出金利は暴騰して、借りている企業や個人、また住宅融資を受けている人々に襲い掛かりました。

　経済活動の低調な今日、返済不能状態になるのは必定です。

　金融システムの大崩壊とハイパーインフレの相乗作用によって、私たちの生活は想像を絶する大混乱となるでしょう。

　年金制度、介護、医療保険制度が維持困難となり、ゴミの収集に至るまで停止してしまう。治安は極度に悪化していくでしょう。

　加えて食料品の品不足が重なり、飢餓者、病死、行き倒れが発生して、見たこともない異様な事態となるでしょう。

　中国は虎視眈々と、日本の情勢が悪化するのを、待ち構えてい

ます。米国、欧州、ロシアは、ウクライナ侵攻によって少なから
ず疲弊していますが、中国は無傷です。

　やがて、日本が中国の自治領"倭人自治区"となるのは歴史的に
必然です。

　これはあと10数年後のことです。

大局的に見た日本経済の動き

　日本経済は下記の如く、規則正しく変動しています。明治維新
から61年で、昭和の恐慌に到っています。まるで地球が太陽を回
り、月が規則正しく運航しているように。

　経済のサイクルが規則性を持つのは、人間に原因があります。
人類が地球上に誕生して以来、同じことを繰り返していると見る
こともできます。

　明治維新後27年を経過して、日清戦争が起きました。

　日露戦争の25年後に、昭和恐慌が起きました。

　太平洋戦争終結の26年目に、ニクソンショックが起きました。

　ニクソンショックの26年目に、通貨危機が起きました。

　通貨危機の26年後が、本書刊行の2023年です。2023年後半のあ
たりから、大混乱が起きそうです。

　大局的な波動としては、77年。短期的波動はおおよそ27年周期

を形成しているではありませんか。

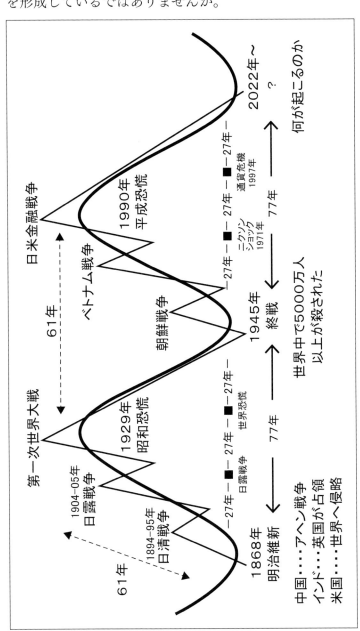

日本経済の大局的な動き

なぜいつも80年程の周期が起きるのか。

　一例を挙げれば、昭和20年の敗戦後、焼け野原に放り出された日本人は、家族に食事をさせることで精一杯でした。子供の教育はままならず、とにかく一生懸命に働き続けました。

　昭和39年東京オリンピックの頃より、生活もようやく安定して、子弟への教育への余裕もでてきましたが、その教育も高学歴、所謂エリート教育に偏ってしまいました。

　真の教育とは“徳育”“智育”“商育”“体育”“学育”をバランス良く整え教えることだと思うのですが、一番肝心な“徳育”、所謂、愛する心・思いやりの心が、教育として、十分になされなかった。いまに至るまで、その重要性が理解されていないのが実情ではないでしょうか。

　愛する心が十分育っていれば、争うことや戦争など、決して起きないのです。

　このように、子供から孫へと偏った教育がなされ、自壊作用を起こす時間が、約80年ということになります。

　日本はまさに、戦後復興の高度成長期、バブル期、その反動の大デフレ期を経て、日本経済、また国のシステムが、自壊作用を起こし、崩壊しようとしているのです。

日本経済の復興とバブル

「ジャパンアズNo1」は、大きな勘違い

　日本経済の大発展は奇跡とも言われ、日本の優秀性が大変称賛され、"ジャパンアズNo1"と、日本が持て囃されました。

　これは日本人のとんでもない勘違いでした。太平洋戦争の後、東南アジア諸国は独立間際であり、大変貧しい状態でした。また台湾、韓国などでは戒厳令が敷かれ、国民に数年間の徴兵義務があり、多額の国防費が使われました。つまり産業の発展や国土建設などは後まわしにされ、ほとんど手が付けられなかったのです。

　そこへ、朝鮮戦争、ベトナム戦争が相次いで勃発しました。米軍は日本を補給基地、作戦基地と位置付け、使用しました。その結果、それに付随する莫大な需要（戦争特需）によって、日本は一人の戦死者も出さずに、濡れ手に粟の大儲けをしました。

　そうして日本は、アメリカに次ぐ世界第2位の経済大国となったのです。

　その結果、われわれ日本人は、世界一優秀であると勘違いをしてしまったのです。

米の金政策により金価格暴騰、
日経平均3万8000円突破の大バブルの襲来

　ベトナム戦争で、実際に血を流し、戦ったのは、若いアメリカ兵でした。数十万以上の若いアメリカ兵の死によって儲けた日本を、アメリカの支配者が、ほっておくはずも、許すはずもありません。

　ここで、17世紀のオランダにおけるチューリップバブル、20世紀のフロリダの不動産バブル以上の歴史的な大バブルが起きることになりました。

　きっかけは、1971年8月15日ニクソンショックです。この日8月15日は、なんと日本が敗戦した日です。

　1971年のニクソンショックの日まで、金価格は27年間、1トロイオンス35ドルと定められていた。それが、ブレトンウッズ協定が破棄されるや否や、1989年には1トロイオンス888ドルに暴騰しました。なんと26倍にもなったのです。

モノの値段は、金の重さの価で表される

　貨幣が出現するまでは、物々交換が行われ、砂金が使われたように、金の価値は古来より不変なのです。金が値上がりすると当然、モノの値段は値上りします。

　アメリカの金価格政策の変更で、金価格が暴騰してハイパーイ

ンフレが起きたのです。

　証券市場において、日経平均株価は38,000円を軽く突破して、市場の声は、すぐにも平均株価50,000円、いや10万円になると叫ばれました。

　大手証券会社の営業も、市場で大量の株を買い集め、株価を5円、10円とディスカウントして安く見せ、顧客に売りつけ、手数料を稼ぎました。売れ残った株は、投資信託に組み込み販売するなど、滅茶苦茶と言えるようなことをしていたのです。

　一番酷いのは、ほとんど無価値な"ワラント債"と称する債権を、数千万単位で売りつけたことです。そのことにより新入女子社員のボーナスの札束を、立たせることができた、というようなウワサが流れました。

山手線内側の地価で、アメリカ全土が買える？

　土地も昭和30年頃より値上りし続けていました。地方都市の住宅地でさえ、昭和60年の絶頂期には、400倍まで高騰しました。そうしてついには、山手線内側の土地の値段で、アメリカ全土が買えるという世界史上最大のバブルとなったのです。

　国家の省庁さえも、バブルを醸成していたことには驚くほかありません。大蔵省は昭和62年、10万円金貨を発行しました。昭和天皇御在位60年記念金貨です。額面10万円ですが、金の含有量は3万円程度でした。ということは、この金貨の発行だけで約一兆円

儲けたことになります。3倍以上の値段で国民に売ったわけです。

　味を占め、記念貨幣の発行を続け、数兆円を稼いだというウワサもあります。郵政省も同じく、「趣味の王様」と収集家を持ち上げ、記念切手を次々と発行し続け、投資家、収集家に買わせました。

　あまりの種類の多さ、発行枚数の多さに、買い占める人はガクンと減って、記念貨幣、記念切手を換金するとなると、額面割れの状況になりました。

　他の各省庁も空出張など、類似のことを行い、数兆円の裏金を作ったというようなウワサが流れました。"ノーパンしゃぶしゃぶ事件"などもありました。

　またゴルフ場の会員権の暴騰に目を付けた銀行は、地元の有名企業に"絶対に儲かる"と、ゴルフ場開発を持ち掛けました。すでに二束三文で、めぼしい山林を、ダミー会社を通じて入手済みで、開発着手となれば、山林の収得費、ゴルフ場造成費は当然融資です。会員権は地元の有名企業であれば縁故、関係顧客等も多く、販売するのに時間はかかりません。

　無論、ゴルフ場の完成前に完売。会員権販売手数料は銀行のものとなり、会員権の販売も当然、融資です。

　そうして、とにかくほとんど全部融資というようなことにします。担保を取っているので、絶対に損はしません。計画立案の時点で、全ての利益が計算できるわけです。

　バブルが崩壊するや、乱立したゴルフ場は倒産して、会員権は紙屑となってしまいます。地元有名企業の多くは倒産。儲けて残っ

たのは銀行だけ？

≡ 金相場の暴騰、暴落は、数年から10年程度の タイムラグを生じて、他のモノの値段を動かす

　若者が高級車"トヨタクラウン"を自転車の如く乗り回し、数十万円もする女性下着が飛ぶように売れたものです。

　この下着メーカーの社員のほとんど全員が、外車に乗っていたのは有名な話です。紳士服のオーダー注文が100万円以上となり、ディスコブームにより"マハラジャ"で若者が踊り狂いました。

　無茶苦茶な暴飲暴食をやったかのような日本経済は、やがて"失われた30年"を迎えることとなります。

　ここで私たちは重要な教訓を学びました。

　金（ゴールド）相場が暴騰、暴落することによって、土地の価格、株価、その他のモノの値段が動くのに、それぞれ数年〜10年程のタイムラグが必ず生じるということです。

　まさに、人間の煩悩、欲望の結果なのです。

　金価格が1980年に天井をつけました。日経平均株価は約10年後の1989年に天井を打ちました。さらに、土地の価格の下落が始まったのは、その数年後です。

　つまり、大局的な経済の動きは、20年程かかるということです。金価格が大底を付けたのが1999年、約20年間上がったり下がったりを繰り返しながら下げ続け、高値の約4分の1になりました。

　"なぜ日本でデフレが続くのか？"ということで、長々と論争が

あったりしましたが、これは、簡単に説明がつきます。

　バブル期の暴飲暴食のツケと、金価格の下落なのです。

　金価格が20年のあいだ下げ続け、それと同じ時間、約20年間デフレが続くことになったのです。

　金価格が高値より約4分の1値下がりした。

　日経平均株価は、高値より約5分の1値下がりをした。

　宅地価格は、高値より約10分の1値下がりをした。

　この経済の大変動が、世界史上にマレなバブル崩壊なのです。

バブル崩壊後、不動産価格は大暴落。
最高値の10分の1以下でさえ、買い手がつかないほどであった。

一番"株屋"らしかった山一証券が倒産した

　金価格が大底をうち、下げ止まったのちの1999年8月、突如、上昇し始めた。

　その10年後の2009年、日経平均株価も大底を打った後、上昇に転じた。

　金価格と日経平均株価は、ここでも10年のタイムラグ。

　金価格は1920ドル、2090ドルと価格を切り上げ、さらに上値を窺っている（2023年5月下旬）。

　日経平均株価が、今後暴騰するのは必定です。

確実に起きるハイパーインフレ

ハイパーインフレの到来、そのとき

　1999年に通貨危機が起きるや、金塊価格が突如上昇を始めました。天井を打ってからなんと19年後のことです。

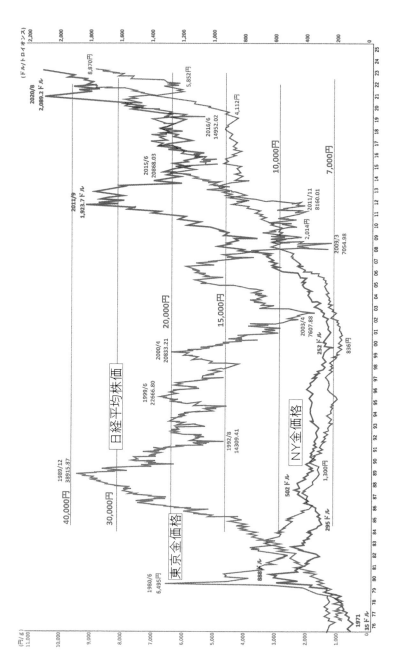

日経平均株価と金価格の動き

大底より12年後の2011年には、250ドルから1,900ドルに、なんと8倍に高騰したのです。さらに、金価格は5年間の調整を経て再度上昇を開始し、2020年8月には2,090ドルに達した。

結局、金価格は9倍となり、更に上昇しようとしているではないでしょうか。

このような金価格の大幅な上昇は、"モノ"の値段が高騰する確実な前提条件です。

"賢者は歴史に学ぶ"の格言通り、欧州の人々は金の異常な動きに気づき、一早く実物資産つまり美術品、絵画、時計、金貨等を買い占め始めています。

金が上昇すれば、当然、物の値段が上昇することになります。

原材料の木材、銅、鉄鉱石などの国際商品市場に、インフレへの期待が生まれてきました。

コロナウイルスの蔓延により紙幣がバラまかれた

折も折、コロナウイルスが突然世界中に拡散し、罹患者の爆発的な増加で、経済活動が、世界的にストップしてしまいました。コロナウイルスの蔓延で生産、流通がズタズタに寸断され、資源、原材料が、各地の工場に行き届かない状況となったのです。

各国政府は緊急経済対策として国民に紙幣を配り、日本では無審査で企業や個人に融資を行いました。このような、無制限に紙

幣を印刷して市中に配ることは、関東大震災時の"震災手形"問題のように、異常な事態が起きることになるのではないか。否、すでに現下に起きているかもしれません。

つまり、配られた紙幣はただの紙切れのようになるかもしれないと気づいた人たちは、紙幣が本当に紙屑になる前に"モノ"に代えておこうと換物運動が広がるのが、通常の成り行きです。

案の定、穀物、原油、天然ガスなどの国際市場価格は騰勢を強めてきて、数倍以上となってきた原材料も多い。現在は調整安となっていますが、再度高騰するものと確信しています。

しかるに日本人の多くは、貰った紙幣を大切に郵便局や銀行に預けています。このことには、驚くほかありません。

日本の地政学的リスクが高まっている

コロナウイルス騒動に呼応するかのように、2020年春、突如としてロシア戦車群が、ウクライナになだれ込みました。ウクライナ戦争です。

原油、穀物は大暴騰を始め、天井知らずの相場を呈しています。さらに、西側諸国によるロシア経済制裁は、ロシアにとっては当然、敵視政策です。欧米諸国の一員である日本が、今後ロシアからどのような要求をされるのか、容易に想像がつきます。

すでに、北海道はロシア領土であるとさえ主張しているではありませんか。いずれ戦略物資の輸出を止められてしまうのではな

いでしょうか。

　ロシアの軍事侵攻を好期と捉えた共産中国は、台湾への武力侵攻を公言し始めています。

　中台戦争、中米戦争が囁かれ、わが国の地政学的リスクが高まり、世界中で最も危険な地域となってきました。まさに目を覆わんばかりの状況となってきているのです。

　日本が戦争に巻き込まれる可能性は非常に大きく、通貨"円"が叩き売られ、ドル円相場200円、300円も、間近に到来するのではないでしょうか。

　また資源、物資の逼迫による高騰、大幅な円安によって、ハイパーインフレが、日本に襲い掛からんとしています。

　不思議なことに日本人は、食料の60％以上を輸入に頼っていることを忘れているようです。

　誰でも持っている最低額の1ドル札。そこにも米国の意志が描かれています。

　右に描かれている鷲は、オリーブの葉（平和）や矢（武力）とともに描かれています。

　鷲の頭上の星は六芒星（ヘキサグラム。ダビデの星）であり、神に選ばれた栄光、さらには世界統一をもあらわしているのではないでしょうか。

　左側に描かれているのは、ピラミッドです。「強さ、永続性を表している」と、米財務省は述べています。

　ピラミッドが未完成なのは、「米国は常に成長し、改良し、築き

上げている」からだそうです。

　ピラミッドの上の目は、エジプトの天空神ホルスの左目だとも、プロビデンスの目だとも言われています。万物を見通す目、神の導きという意味もあるとのことです。

　この1ドル札の刷り色は、神聖な色であるとも言われています。

米国は神に選ばれた国で、未完成のピラミッドなどが描かれている

第 III 章

米中の激突がはじまる

米国の国家戦略の概要

世界を支配することが米国の国是

アメリカは1783年の建国から約250年になる。

米墨戦争（べいぼくせんそう。1846年から1848年にかけてアメリカ合衆国とメキシコ合衆国の間で戦われた戦争）などの数度にわたる戦争に勝利して、国土を広げ続け、太平洋を横断して、1853年にはペリー船隊が浦賀沖にやって来ました。日本に開港を求めたのです。

このようなアメリカの国家戦略は、ドル紙幣にはっきりと描かれています。

1ドル紙幣の左側の未完成のピラミッド、右側に弓矢を持つ鷹は神の意志のもと、世界を支配することが、アメリカの戦略、国是なのです。

1939年に第2次世界大戦が勃発するや、ドルを世界通貨とする絶好のチャンスとなりました。ドルが基軸通貨となれば、印刷するだけで、どんな物資も入手できます。

基軸通貨を英国のポンドからドルへと変え、アメリカは同盟国

である英国を衰退させるべく画策し、目的達成のためなら手段を選ばないということになります。

美術品収集家の裏の顔は武器商人？

　米国諜報機関は、ドイツ軍に貴金属、骨董品、美術品の買収を持ち掛けました。そのとき、美術品などを所有する個人情報までもドイツ軍に教えたようです。

　フランスを占領下に置いたドイツ軍特殊部隊は、ユダヤ人の所有していた貴金属、絵画などの美術品を略奪接収しました。その目的はヒットラー総統の趣向だけではありません。

　ドイツは、戦争継続のための軍需物資、購入資金に枯渇しており、米国諜報機関との闇取引に応じたようです。

　膨大な量の貴金属、美術品が、中立国であるスイスで、オークションにかけられました。買主は主にアメリカ人であり、その収集家の裏の顔は武器商人であったようです。

　これらの資金が、一部ドイツ軍の軍需物資となり、軍事作戦を支援したようです。

ドル基軸通過が再び揺れる

　ドイツ軍が誇るタイガー戦車は、ガソリン1リットルで数百

メートルしか動くことができません。その戦車、トラックのガソリン以外にも、ロンドン大爆撃のためには航空燃料も必要でした。ドイツはそれらすべてをあらゆる手段を使って手に入れました。

覇権国家大英帝国の首都ロンドンは、ドイツ軍の爆撃を受け、瓦礫の山と化し、英国は完全に衰退してしまったのです。

第2次世界大戦が終結する間際の1944年、アメリカ主導でブレトンウッズ会議が開かれた。この会議においてアメリカは世界一の純金保有量を背景として、金・ドル本位制度が決められました。ブレトンウッズ体制です。

ここにアメリカ通貨ドルが、国際基軸通貨となったのです。

金1トロイオンスは、35ドルと交換することが定められました。この金・ドル本位制の仕組みは、世界各国に承認されました。

そうして世界中でドルが使われるようになり、需要に応じてドル紙幣が印刷され、供給されました。その後、朝鮮戦争、ベトナム戦争が相次ぎ、アメリカは膨大な戦費を必要とすることになり、国際収支は、たちまち赤字となりました。

そこで、フランスが、輸送船でドル紙幣を持ち込み、金塊を要求して持ち帰るということをやったのです。それらのことにより、世界一であった米国の純金保有量は、またたくまに激減しました。

ドルを金に交換することは不可能になってしまったアメリカは、この体制を停止せざるを得なくなりました。

それが、1971年ドル・金交換の停止、すなわちニクソンショックです。その後、基軸通貨の信認はますます揺らぎ、アメリカ国内においては、公務員の給料さえ支払えない財政状況になってし

いました。

世界的ハイパーインフレは必定

　台頭してきた中国は、このようなアメリカの弱体化に付け込んで、中国の通貨"人民元"を、ドルに代わって基軸通貨にせんと動き始めています。

　アメリカの国是は、"世界支配"であり、数十万の米兵の血で勝ち取ったドル基軸通貨体制を手放すことはないでしょう。コロナウイルスの蔓延やウクライナ戦争による生産不足、流通の断絶から派生する資源暴騰は、短期間では終息しないでしょう。さらに金（ゴールド）価格の暴騰も続くはずであり、今後、間違いなく世界的にハイパーインフレになるでしょう。

　1944年に開催されたブレトンウッズ会議の77年目は、2021年です。1971年のニクソンショックから、通貨危機を経て、27年目が2025年です。このあたりが、米国にとって機は熟した、まさに「ころはよし」のタイミングです。

　米国はこの時機に、世界中で起きはじめているハイパーインフレを、絶好のチャンスとして利用するに違いありません。

　つまり、逆ニクソンショックを、この数年のあいだに起こそうと画策するのです。保有している金（ゴールド）の評価を、十数倍に設定し、自国で獲れる穀物、天然ガスなどと交換できる兌換紙幣「新ドル」、新通貨体制へと移行するのです。

　そうなれば、旧ドル札は紙屑同然となるばかりか、日本が持っている米国財務省証券も、紙屑同然の無価値になってしまいます。

　そうして、米国の債務は帳消しになってしまい、世界は大混乱に陥るでしょう。

　それは、想像を絶する事態ですが、この責任を誰にとらせるかというと、「ウクライナに侵攻したロシア」、あるいは「軍事力をともなって台湾を回復」しようとした中国、ということにするのではないでしょうか。

　これがうまくいけば、米国はしっかりと覇権を握り直すことができ、あと100年以上、世界に君臨することができるかもしれません。

中国の国家戦略の概要

中国の戦略

　1949年、天安門広場の上から、毛沢東中国共産党主席が高らかに中国建国を宣言しました。人口14億人を擁する大国家中国が成立したのです。

　社会主義国家建設を急ぐ中国指導部は、建国より8年の後、"大躍進運動"政策を強行しました。この政策は、経済的統治経験の全くない共産党の指導下で行われ、多くの失敗をしてしまいました。その結果、数千万の餓死者を出し、想像以上に悲惨な結果と

なってしまったようです。

　この"大躍進運動"政策の失敗から、中国共産党内部で権力闘争が激化しました。その渦中で、指導者として権力を維持せんとした毛沢東が、"文化大革命"を起こしました。

　毛沢東主席の指導の下、1966年より文化大革命が断行されました。紅衛兵たちが資本主義思想を持つ者、知識分子と称される人々、いわれなく密告された人たちを拘束し、市中を引きずり回し、激しく"自己批判"を強要しました。

　この"自己批判"の強要などにより、数千万の中国人が命を落としました（殺害された）。互いに騙しあい、奪い合い、親子でさえ密告するという生活が、中国で約10年ものあいだ続いたのです。

　この文化大革命により、中国は、社会、経済、文化などが破壊され、国家維持が立ちいかなくなってしまいました（私にはそう見える）。

　そのため、毛沢東が死ぬやいなや、新しい指導部は市場改革開放へと、戦略、戦術を大転換させました。

　鄧小平は"能力のある者から先に金持ちになれ"と大号令をかけた。つまり人民解放軍の戦術とかつて上海にあった中国裏社会(秘密結社、犯罪組織）の"紅幫・青幫"（民国時代の秘密結社）の戦術を、結果的に上手く合致させたのだ。

　ここに対外新戦略が実行されることとなった。それが、じつは1978年の改革開放政策でした。市場を開放し、外資の誘致、技術の吸収を目指す市場開放です。

≣ 改革開放直後の中国

　当時、台湾や韓国で貿易をしていた私は、中国に興味を持って
いて、友人に誘われるやいなや、中国に飛んで行きました。

　飛行機が到着するやいなや、最高級乗用車"紅旗"が飛行機に横
付けされます。赤絨毯を踏んで自動車に乗り込むと、数台のサイ
ドカーが先導して道路中央を疾走。

　ノンストップでホテルに到着すると、玄関には数百人の子供た
ちが、手に日の丸の小旗を持って打ち振り、"熱烈歓迎"と、口々
に叫ぶ。

　酒席では大皿に盛られた料理が、三段、四段と重ねられる。そ
の席で共産党の幹部、土地の要人が次々に紹介され、乾杯が果て
しなく続く。

　部屋はスイートルームで、絶世の美女が部屋で待っている。絶
世の美女は、専用の通訳だと紹介されました。どこへ行っても"熱
烈歓迎"の出向えが行われ、どの中国人も「社長さんのお陰で、私
たち家族は幸せに生活できています」と、手を熱く握り、涙を流
さんばかりに話すのです。

　中国の提示する製造価格は、その当時の日本の10分の1程であ
り、日本で売ればボロ儲けです。そのように熱烈歓迎された日本
人のなかには、中国に愛人を囲い、家を買う者も出てきたではあ
りませんか。

　その日本人たちは、数年の間に、自分たちの持っている技術を

残らず教えてしまう。そうして、個人の資金も底をつく頃になると、納期や約束事を、中国側が違えるようになってきます。

　ある時、責任者を叱責するや、今までの表情とは一変し、「ここをどこだと思っているのか！　中国から生きて帰れないぞ!!」と一喝するや、若者たちが手に鉄棒を握り、取り囲んできました。中国人の態度が、豹変する瞬間です。

　つまり、中国共産党の戦術は、資本、技術の収奪です（中国で事業を行った私は、実際に経験した）。解放軍の軍規の「中国人民の針1本も盗るな」は、「日本人の血の一滴も残さず奪え」が、真の意味であるという感じがしないでもない。

中国とのおつきあいで心得ておかなければならない "国恥"重大な意味

　1937年の蘆溝橋事件をきっかけとして起こったと言われている日中戦争（宣戦布告はなかったので、日支事変とよばれていた）。きっかけとなった発砲は、毛沢東軍であったようだが、いまだに確証はなく、真実を明らかにしようという試みもない。

　日中戦争による中国側の被害者数は、2000万人以上と言われています。そのため、中国での反日運動は激しく、紙幣にまで「全民抗日」「抗日救國」の文字が、赤々と刷り込まれています。これらを見ると、日本に対して、そうとうな憎しみを抱いることがわかります。

紙幣に「抗日」とはっきり示されている

改革開放政策後のスナップ

上海市第一百貨店

上海　衣料品店

蘆溝橋事件の起きた7月7日は、国恥記念日とされています。

　満州事変の発端となった柳条湖事件の起きた9月18日も、国恥記念日とされています。

　5月9日も国恥日とされています。この日は、日本が袁世凱の中華民国に、対華21ヶ条要求を突きつけた日だからです。

　12月13日も国恥日です。中華民国の首都南京が陥落した日だからです。

　国恥記念日、国恥日は、いずれも日本が関係しています。事実であるかどうか、あやしいものもありますが、中国とお付き合いをするうえで、心得ておかねばならないことではあります。ところが日本人のほとんどが、国恥記念日、国恥日のことを知りません。

中国経済大発展の正体とは

　改革開放政策がとられると、中国共産党、黒地下組織、軍部が大っぴらに手を結んだように見えました。ありとあらゆる事業、商売、金儲けを、3者は結託して行いはじめました。

　奴隷のような人々の、ものすごく安い賃金で造られた商品は、製造原価が無いも同然で、それらが世界中に売りこまれたのです。ここに中国経済は、大成長を遂げることとなりました。

　更に偽ブランド品、偽薬品、偽証明書などの製造、販売も堂々

と行われていました。売春、人身売買なども行われていたにちがいありません。

　臓器移植は、脱北者、政治犯、法輪功信者の臓器がよく使われているとのウワサだ。臓器は合うか合わないかがたいへん重要なのだそうだが、捕えた囚人の数が多いので、取り出した臓器も豊富。何時でも移植可能だということもよく耳にした。

　一部位で1,000万円もすると言う。利益率が抜群に良い。きわめて高効率の事業だと言えます。

　中国人は決して恥を忘れません。国辱日、国恥記念日！　改革開放時、飛行機やホテルの前で、満面の笑顔で子どもたちが、私達日本人を出迎えて、"日本人熱烈歓迎"と口々に叫んでいました。その子どもたちは学校で、また家に帰ると、日本人を"東洋鬼子"と教えらえていたのです。

　ころは良し。鄧小平が言った"韜光養晦（とうこうようかい）"、すなわち自身の能力は対外的にできるだけ隠し、"有所作為"取るべきものは取るを実行せんとしているのだ。

　これは、"瓜を隠して経済力をつけ、最後に殺せ！"なのかもしれない。当時の状況、空気を知る者からすれば、そんなふうにも思ってしまう。

日本の周期、米国の周期
2035年が中国と日本の転換点

☰ **大混乱に突入する日本**
☰ **世界大恐慌の到来**

　日本は自然の要害である海に四方を囲まれていたので、世界の情勢に大きな影響を受けることはなかったと言われています。たしかにそうですが、日本が強かったせいで、アジア諸国に進出することはあっても、侵略されることはなかったということもあるのではないだろうか（元寇ではキチっと戦ったうえで日本が勝利していた）。

　ともかく、日本は幕末までは、世界の情勢の大きな影響を受けることはなかったと言えます。

室町時代……戦争の時代であり、南北朝、応仁の乱、戦国時代と265年続いた。

江戸時代……平和な時代となり、室町時代と同じ265年平和が続いた。貨幣制度が統一されたので、貨幣経済が確立した。
　　　　　　銅銭や大判、小判が鋳造された。享保の改革、寛政の改革、天保の改革などの政治、経済の改革が相次

いで行われた。この三大改革には驚くべき時間的循環性が表れている。

明治時代……戦争の時代となり、敗戦まで77年間、戦争の時代が続いた。日清戦争、日露戦争、太平洋戦争と戦争の連続であった。500万人以上が犠牲となる。政治、経済的な変動も世界の影響を受け、正確な時間的循環が表れている。

平成時代……平和な時代となる。節目の77年目は、2022年である。新しい大混乱の時代が、もうはじまっている。

長期サイクル77年は政治経済の大長期サイクルであり、日本の他、アメリカとソビエトで近い数字が出現する。

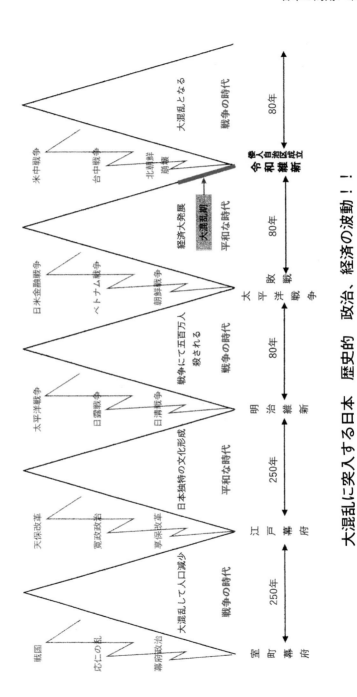

大混乱に突入する日本　歴史的　政治、経済の波動！！

通貨、経済の周期に秘められた27年

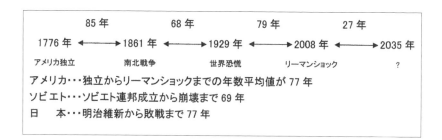

なぜ、短期27年周期が出現してきたのか。

前述したように、江戸幕府は幕府の財政に応じて、小判の改鋳を繰り返しました。慶長小判の鋳造から万延小判まで、265年間の江戸幕府期間中に、改鋳回数は10回です。265÷10＝26.5です。

さらに江戸幕府は財政の窮状の毎に、経済改革が断行されました。

享保の改革まで113年（27年×4倍）

寛政の改革まで71年（27年×3倍）

天保の改革まで54年（27年×2倍）

天保の改革から明治までが、27年です。

つまり、短期サイクル約27年は、通貨、経済の波動であり、日本において鮮明に出現していると言えます。

2030年、2035年にそれは起きる

	27 年		27 年		27 年		27 年		27 年		27 年	
1868 年	←→	1895 年	←→	1929 年	←→	1949 年	←→	1976 年	←→	2003 年	←→	2030 年
						日本敗戦		ニクソンショック		リーマンショック		
明治維新		新貨条例		世界恐慌		(1945 年)		(1971 年)		(2008 年)		?

　長期波動と短期波動を重ね合わせると結論が出ます。

　長期波動で計算すると2035年となります。短期波動では、波動を連続させることで、2030年を示しています。

　つまり、日本において、政治、経済の大激動が起きるのがあと十数年以内ということです。

　日本とアメリカの政治、金融政策の周期が合致する時期は、2030年頃になります。

　いまやハイパーインフレの暗雲が世界中を覆い、各国政府ともこの物価高騰に手の打ちようがないようです。

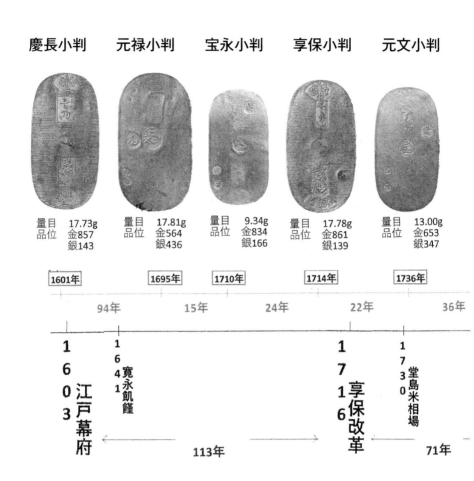

慶長小判	元禄小判	宝永小判	享保小判	元文小判

量目 17.73g　品位 金857 銀143

量目 17.81g　品位 金564 銀436

量目 9.34g　品位 金834 銀166

量目 17.78g　品位 金861 銀139

量目 13.00g　品位 金653 銀347

1601年　1695年　1710年　1714年　1736年

94年　　15年　　24年　　22年　　36年

1603 江戸幕府

1641 寛永飢饉

1716 享保改革

1730 堂島米相場

113年　　　　　　71年

小判の改鋳と改革の周期

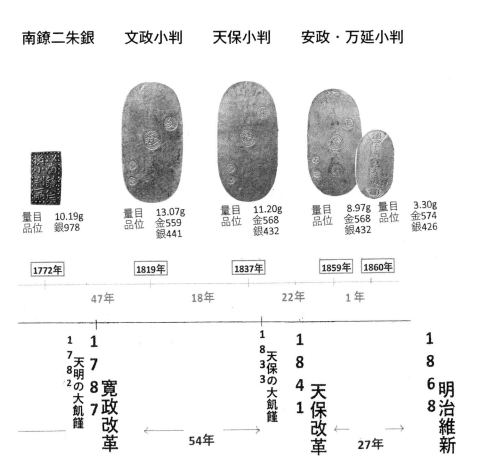

南鐐二朱銀　　文政小判　　天保小判　　安政・万延小判

量目　10.19g
品位　銀978

量目　13.07g
品位　金559
　　　銀441

量目　11.20g
品位　金568
　　　銀432

量目　8.97g
品位　金568
　　　銀432

量目　3.30g
品位　金574
　　　銀426

1772年　　　1819年　　　1837年　　　1859年　1860年

47年　　　　18年　　　　22年　　1年

1782 天明の大飢饉

1787 寛政改革

1833 天保の大飢饉

1841 天保改革

1868 明治維新

54年

27年

恩給證書

　恩給證書は、長期間勤務し、退職または死亡した後に、本人または遺族に、安定した生活を維持するために支給されます。證書には、昭和17年7月9日、191円支給すると記されています。

　昭和17年ころ、そば1枚17銭
　昭和27年ころ、そば1枚17円（麺類外食券制）
　Web「戦後昭和史　うどん・そばの価格推移」より
　東京都区部の小売価格平均

　昭和時代のハイパーインフレにより、恩給をもらっても、そばを11食しか食べられないわけです。同じようなことが、国民年金、厚生年金で起きなければいいのですが。

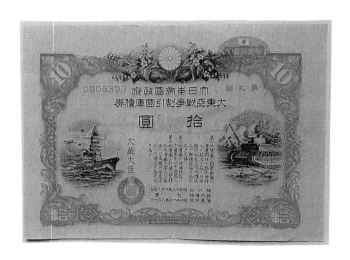

米新ドル（新貨幣）基軸体制への移行により 世界恐慌となる

　社会保険、健康保険、年金などすべての社会システムが瓦解してしまう。なぜなら、これらの制度は平時を前提として考えられた緻密な仕組みだからである。基本的な原則が根本から変えられては維持できるはずがない。

　"国のやることに間違いはない"これこそ思い違いで、昭和16年に始まった対英米戦争では、300万人にものぼる犠牲者を出しているではありませんか。餓死者、行き倒れが道路に死屍累々と横たわるだろう。

　いつ起こるのか……。10年ほどの間に必ず世界恐慌が起きる。

　明治維新から終戦までの77年間、わが国日本を支配していたのは天皇を神と祭り上げた軍部である。が、敗戦によって軍人支配の時代は終わった。

しかし、戦後から現在までを支配しているのはアメリカです。ただし、アメリカの新ドル体制への移行による世界経済の大混乱。それに、おもに中国による反日宣伝政策の結果による令和恐慌の終着点が重なったら、日本に大混乱が起こります。

　その大混乱とは、

1、ハイパーインフレによって食料が不足し、価格が高騰し、餓死する者さえ発生しかねない。

2、明治維新の時、武士は知行地…土地を没収された。

　終戦の時、庄屋・不在地主は、土地を没収された。

　恐らく、現在の地主も土地を没収される。

3、財産税・富裕税によって、個人の資産が没収される。

　新しい支配者になる新政府は、おそらく何でも行うに違いない。甘えは絶対に禁物です。

☰ 中国と日本の政治金融政策の転換期は 2035年頃

　中国は、日本が悲惨な状況になるのを待ち構えています。というより、日本における防諜、宣撫工作（占領地において、住民が敵対しないように懐柔する）に巨額の資金を使い、あらゆる手法を駆使して、仕掛けているのです。

　テレビ、新聞社は当然、国会議員、知事、地方議員に至るまで、中国共産党の意のままに動かせるように、すでになっているのではないだろうか。

天皇を京都へ移し、学者、評論家、タレントを総動員して、皇室の崩壊を画策するのではないか。

　日清戦争の敗戦の調印がなされた
　　　　下関条約の150年目……2045年
　日中戦争が起こった
　　　　慮溝橋事件の100年目……2037年

　10数年後、日本経済は巨大な中国経済圏に飲み込まれ、"人民元"を、日本で使用することになるのではないか。円は消滅して、日本は中国の領土の一部の"倭人自治区"となってしまうのではないか。

　日本という国家は瓦解し、歴史上から消えてなくなる。もうすでに、日本精神は「ない」も同然です。

䷀ 円は"消滅"し、"日本国"は瓦解する

　戦後、学歴偏重の風潮によって、若人に"大志を抱く"、"人生に夢を持つ"気概を、削いでしまいました。

　政府も、少子化対策に小金をばら撒くだけで、肝心な"日本人に夢を持たせる"政策を、何も打ち出せずにいる。日本の指導者自体、この問題を理解していない。

　結局、私たち日本人は、日本人としての自尊心、日本という国

家の誇りを失くしてしまっているのです。

　中国は、台湾戦争が間近と喧伝している。台中戦争は、米中戦争となり、日本は傍観者ではなく、戦争の当事者になってしまう。

　国防意識が皆無である日本は、国家の呈を成していないので、中国の人民解放軍に、国土は占領されてしまう。チベット、ウイグルのように。

　習近平主席が、天安門広場紫禁城の楼上から、"台湾の開放"、"倭人自治区（旧日本）"成立を高らかに宣言するだろう。

　それは早ければ、2031年（柳条湖事件の100年目）、遅くとも2047年（廬溝橋事件の100年目）でしょう。

　その間に、日本経済は巨大な中国経済圏に併合され、"人民元"を使うようになり、"日本円"は紙屑となってしまう。

　天皇、皇族は京都に移らされた後、人民裁判にかけられるかもしれない。日本円の"消滅"、日本国の"瓦解"である。

　京都大学大学院の藤井聡教授、ワシントン在住の世界的知識人伊藤貫氏も、このままでは、日本が亡ぶのは、さほど先ではないと述べておられる。

アジアのユダヤ人となる

　日本が自治区となれば、日本人を監督、教育するのは、朝鮮人になるかもしれない。満州国の真逆のことを、中国はやるでしょう。

　かくてわれわれ日本人は、絶滅の危機を迎えることとなります。信じられないことが起きるので、日本から無事脱出できる人は、数百万人ほどになるかもしれません。

　脱出できた人たちは、自分たちの国がなくなり、ユダヤ人と同じ道を歩むことになるのではないでしょうか。

　日本の敗戦間際、日ソ不可侵条約を一方的に破棄して、満州に襲いかかったソ連から、うまく逃れたという人がいたという話を、聞いたことはありません。

　土地や家などの不動産へのこだわりや、いろいろなしがらみに縛られ、そうとうにひどい被害にあったことと思います。

　それに日本から脱出するための資金、移住する国の言葉など多々問題があるのです。

　さらに、うまく脱出できたとしても、その人たちは流浪の民とならざるをえないのです。

≡ 愛する人たちを守るために
≡ 資金を増やそう

　愛する人たちを守るには、どうしてもお金が必要です。それも、ある程度まとまった額が絶対に要ります。

　前述したように、現在の日本の健康保険、介護保険、国民年金基金などは、平時つまり戦争などのない、今日のような平和な時代に考えられた仕組みです。

　これから起こるであろうハイパーインフレや戦争など、社会体

制が激変すれば、それらとともに社会システムのすべてが瓦解してしまう。

　だから、自分たちのことは自分たちで解決し、国に頼らず生きていく覚悟とともにある程度の資金が必要なのです。

　子弟の教育にも、まとまったお金が必要になります。語学習得のための留学をするならば、かなりの額が必要となります。

　時間はまだ残されてはいますが、ゆっくりすることはできません。私の予想では、大恐慌の到来まで、あと10年程しかないのである（令和5年現在）。

資金を安全で有利に増やす

　資金は、安全かつ最も有利に増やさなければなりません。銀行や郵便局に預けても、現在の金利水準では、利息は殆どつかないのは、ご存知のとおりです。また、物価が急上昇しかけている直前のこの時点では、長期の金利や国債に投資するのは、最も危険です。

　物価が1割合上げれば、預金が1割減るわけです。物価が5割上がれば、預金の価値は半分になってしまうのです。

　幸福とは、健康、愛情、そしてお金です。

　私たちは街角でも、自動車の中でも、喫茶店の中でさえ、お金を取り合っています。お金を儲けること、殖やすことは、容易ではないのです。

　私の予測が外れればよく、私もじつは本当にそうなればいいと、思ってはいます。そのときには、きっと役立つはずなので、"お金もうけの秘訣"を、次に書いておきますので、ご参照ください。

幸福の条件　お金儲けの秘訣

徳育、知育、体育、商育、学育

　幸福の3条件は、健康、愛情、お金ではないでしょうか。この3条件を足すには、前述したように教育が不可欠です。

　　徳育……思いやりの優しい心
　　知育……知恵
　　体育……健康維持
　　商育……経済
　　学育……学問

　各家庭において、これらの教育がなされているとは思いますが、一般に「学育」だけが教育と考える偏った風潮があります。そのせいか、商育については全くなされていないばかりか、お金の話をすると嫌がる人も少なくありません。
　ですが、お金はやはり大切で、どのようなケースでも幸せの3条件の一つであることに変わりはないと思います。

そこで改めて、怪しげなやつだと思われても、お金儲けをするための秘訣を、ひとつだけ開示しようと思います。

「お金儲けの秘訣」を体得する方法

まず準備として、一生の計画を立てます。そして、それを「人生の設計図」と名付けます。

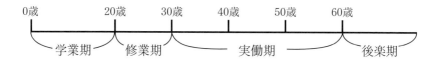

学業期……基礎的な教育を受け習得する

修業期……自らの経験を積む

実働期……人生の目的を働いて実現する

後楽期……健康で生きる喜びを実現する

後楽期の40年近く、生きる喜びあるいは悦びを満喫するためには、軍資金が絶対に必要です。

そのためには、とくに修業期から倹約に心がけて、元金を貯めなければなりません。ですが、倹約を心がけさえすればいいというわけではありません。修業期のうちに、投資についての勉強・研究をすることが、とても大切です。

「人生の目的を実現する」実働期は、おそらく30年ほどになる

と思いますが、投資は大切ですがメインではないので、投資が邪魔にならないようにすべきです。

　この実働期にも、縷々述べたように27年周期が内在しています。大きなチャンスが、必ず3回訪れます。その3回のチャンスを、すべて活かし、累積投資をするのです。大きなチャンスのたびに、累積投資を繰り返すのです。

　1回の大きなチャンスで、元金を5倍にすることを、3回繰り返せば、なんと125倍になります。これが投資の醍醐味です。魔法のような妙味です。

　お金儲けの女神には、後ろ髪はありません。チャンスを逃してはいけません。

株式投資について

　1929年世界大恐慌時のNY市場の週足と、1989年の日本のバブル崩壊時の日経平均の週足を、ご覧ください。

　全く同様の軌跡を描いていますね。

　相場は、60年という年月の違い、国の違いにほとんど関係なく、「投資家の心理」で動いているということが、よくわかります。

　"賢者は歴史に学ぶ"の格言どおり、1929年世界大恐慌時のNY市場の週足を持っていたり、頭に叩き込んでいた投資家は、1989年の日本のバブルの大天井からの大暴落で、大勝利をおさめたことでしょう。

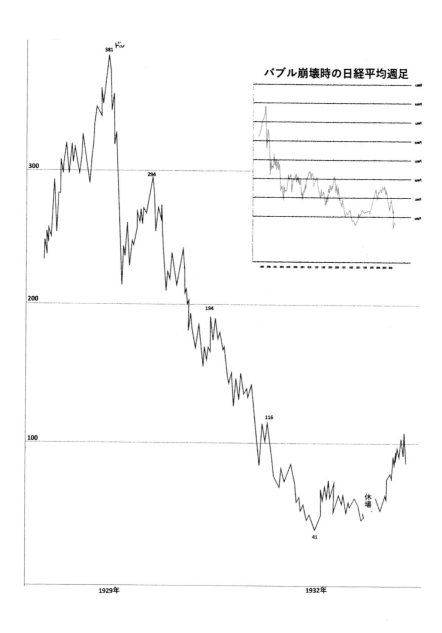

バブル崩壊時の日経平均週足

381 ﾄﾞﾙ

300

294

200

194

116

100

休場

41

1929年

1932年

大恐慌時のNYダウ週足

☰ 来たるべきハイパーインフレは、
無茶苦茶に面白い相場が展開されるのでは

　世界恐慌によってドル紙幣や、円紙幣の紙屑化が瞬時に起こる。これはハイパーインフレという形で現れます。

　過去日本において、敗戦の結果、ハイパーインフレが起こり、株式市場は下記のごとくになりました。

〜昭和27年時点〜

秩父セメント　　高値5,750円

常盤炭鉱　　　　高値2,950円

三菱倉庫　　　　高値1.550円

日産火災　　　　高値1,640円

　土地は、当時農地解放が行われ、一反800円で小作人に売り飛ばされました。秩父セメント1株で、郊外の優良宅地が、充分に何ヶ所も買えたのです。

　なんと恐ろしいことであろうか。そして、隣組の組織を利用して売られた戦時国債は、文字どおり紙屑になったのです。

　私たち庶民生活の実態を知らない人達が、国政を担ったり、指導者になることによって、残念ながら日本経済は崩壊し、日本国民を不幸のどん底へ叩き込むことになりました。

　太平洋戦争末期、アメリカへ行ったこともない、また戦地を全く知らない指導者に命令されて、日本将兵が300万人以上戦死、

いやその多くが餓死しているのです。

　再度訪れる世界大恐慌は、われわれに大打撃を与えるでしょう。しかし、先を読める者にとっては、逆に大チャンスでもあるのです。100億円単位の大金を、僅か数年で儲けることは、夢ではありません。

　来るべきハイパーインフレによって、じつに面白い相場が展開されるはずです。

　そのほか、世界の覇権国アメリカ大統領の指示に忠実に従って銘柄を選ぶことも大切です。

　大統領の指示を忠実に実行して、累積投資を繰り返した結果、1969年のニクソン大統領から、今日のバイデン大統領までの50年間に、投下資金は2万倍以上になっています。

1969-1974
ニクソン大統領　　　　“金”を買えと国民に伝えた。
　　　　　　　　　　　1オンス35ドルの金が1年後
　　　　　　　　　　　に880ドルと25倍になった。
1981-1989
レーガン大統領　　　　“株式”を買えと国民に伝えた。
　　　　　　　　　　　NYダウ平均株価750ドルが5年後に
　　　　　　　　　　　2,700ドルと3.6倍になった。
2001-2009
ブッシュ大統領　　　　“原油”を買えと国民に伝えた。
　　　　　　　　　　　1バレル10ドルの原油が3年後に80ドル

と8倍となった。

2009-2017

オバマ大統領　　　　“株式”を買えと国民に伝えた。

NYダウ平均株値6500ドルが7年後に

16,000ドルと2.5倍となった。

2017-2021

トランプ大統領　　　“金”を買えと国民に伝えた。

1オンス1,000ドルの金が4年後2,000

ドルと2倍になった。

2021-

バイデン大統領　　　“モノ”を買えと国民に伝えている。

ハイパーインフレを起こすと国民に伝

えているのである。

2023年現在のバイデン大統領は、果たして

国民に何を買えと伝えているのであろうか。

≡ バイデン大統領は原油を買え
≡ ハイテク産業株を買えとも伝えている

バイデン大統領は、2021年1月の就任演説で、カナダと米国間

の原油パイプラインの建設許可を取り消しました。

また、アラスカでの野生動物保護区での石油、天然ガスの新規

掘削事業を停止しました。

この政策は、間違いなく原油などの新規事業への阻害要因であり、原油天然ガスが暴騰することになるでしょう。

　バイデン大統領は、国民に原油を買えと伝えたのです。大統領の指示通り、日本で原油生産の首位であるインペックス"帝国石油"を買えば、2年で約3倍となっています。

　さらに2022年2月にウクライナ戦争前夜、バイデン大統領は幾度となく、ロシア軍のウクライナ侵攻は間近だと、メディアを通して伝えています。

　これは、実際に戦争が勃発すると大量の兵器が必要なことを、国民に伝えているということでもあるのです。

　大統領の指示通り日本で兵器産業の首位である三菱重工を買え

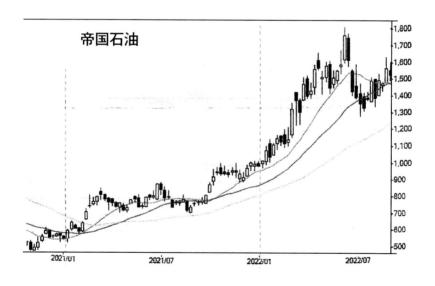

ば、2年で約3倍になっています。

　さらに、2022年8月、ナンシー・ペロシ下院議長を訪台させ、米国製の半導体補助金法を成立させました。米中で起こるであろう戦争は、超ハイテク技術を駆使した、これまでとは全く違った戦争になると思われます。

　バイデン大統領は、ハイテク産業株を買えとも、国民に伝えているのです。

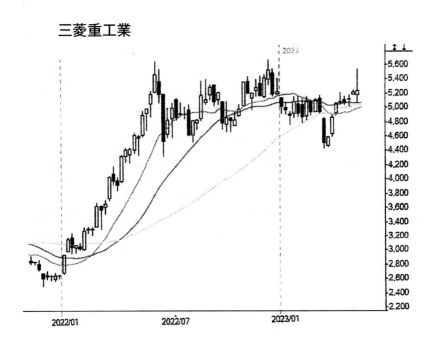

三菱重工業

第 V 章

物的財産としての株式への実践的な投資

　今後、確実に起きるハイパーインフレで、株式も大幅に値上がりします。1989年の大天井、日経平均株価は3万8915円でしたが、来年中にこれを突破するのではないでしょうか。株式は物的財産でもあり、今の時機、これからの時機に、加えられるべきです。

　日本株は、すでに買い上げられており、高値も銘柄も多いのですが、米国株はそうでもありません。買い狙い圏に近づいてきた銘柄が多数あります。

　そのうえ、これからは円安がさらに進む可能性が高いので、米国株は株式の値上がり益と為替差益の両方を取得することができます。まさに絶好のチャンスが、近づいてきているのです。

　米国株のなかで、私が最も注目し、買い狙っている銘柄は、ニューモント・マイニング・コーポレーションです。

　ニューモント・マイニング・コーポレーションは、米国の大手鉱業会社で、おもに金（ゴールド）の生産と、銅、銀、鉛、亜鉛の探鉱・採掘・生産を行っています。年に4回の配当金支払いがあり、直近配当利回りは3、8％です。

　次のグラフを、ご覧ください。

　60年間の長期波動を見ると、20ドルと80ドルを規則正しく循環しています。10年に1度、買い場と売り場が訪れています。

　現在、世界的にインフレを牽引しているのは金（ゴールド）で

あり、金鉱山会社ニューモント・マイニング・コーポレーションは、まさに主役であると言えるのですが、最近安くなってきています。買い場 が近づいてきていると、私は待ち構えています。

　数年で、株式と為替差益あわせて約3倍以上を狙っています。

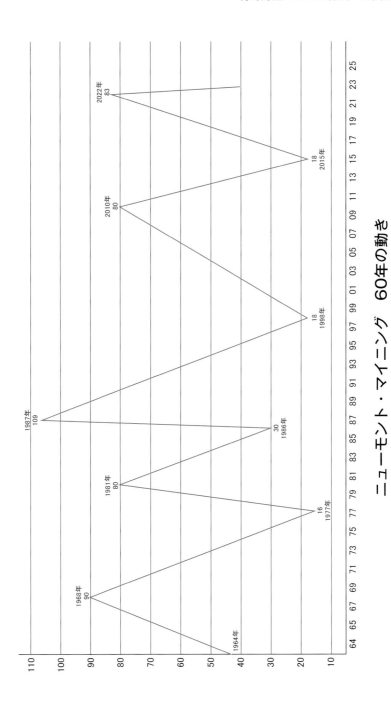

ニューモント・マイニング　60年の動き

第Ⅵ章

ドル円相場への投資
円は360円にお里帰りするか

　株式相場とドル円相場には、密接な関係があり、時間的な制約ともいえるものがあります。

　戦後の1949年、東京証券取引所が再開されました。その後、日本経済が大発展することにより、1989年に日経平均株価は3万8915円の最高値をつけました、この間、わずか40年です。

　敗戦後、GHQの指導により、1ドル360円と決められ（円は360度だから？）、ドル円相場がスタートすることになりました。

　日本では、1971年のニクソンショックまで、1ドル＝360円であり続けました。固定相場制であったのです。

　為替レートを市場での需給に応じて自由に決める変動相場制（フロート制とも呼ばれています）に、日本が移行したのは、1973年のことです。

　日本経済の大発展は、その後も続き、2011年には1ドル75円をつけました。ニクソンショックのときに1ドル＝360円であったのが、約5分の1になったのです。この間もジャスト40年です。

　驚くことに、日経平均株価も、円ドルレートも、ぴったり40年で最高値をつけているのです。天井を形成しているのです。

　さらに、ドル円相場には、同じ数値が幾度となく示現しています。

75円がらみ……16年を要して……2回

100円がらみ……21年を要して……4回

125円がらみ……16年を要して……3回

150円がらみ……24年を要して……2回

　かくて昨年（2022年）151円を達成したことによって、ドル円相場は、360円に向かって動き始めたと言えるのです。

　日柄的にも、日経平均株価の最高値3万815円より、2009年につけた最低値7050円まで、ぴったり20年（40年の半分）ですさまざまな。

　円ドル相場に当てはめると、2011年には1ドル75円が円高の最高値だったので、20年後の2031年には、円安の最低値すなわち360円をつけるということになります。2031年までには、8年しかありません。

　ドル円相場はまだ若く、のこぎりの刃のような軌跡を描き、押し目を都度形成しながら、360円を目指すと思われます。

　日本は、残念ながら歴史的にも大衰退期を迎えています。日本人自身の民度の低下、犯罪の増加、国防意識の欠落、また貿易収支の問題など、わが国のさまざまな情況も最悪に向かっているのです。

金（ゴールド）が物価を先導している

　投資の格言に「待は仁、向かうは勇」とあります。辛抱強く狙っている投資物件が、大底を打つのを待ち、勇敢に買い向かうことが、極意です。

　相場は金（きん）、株、原油、為替が、別々の市場であるにも関わらず、互いに密接に連携して動いているので、絶えず注意をはらうことが必要です。

日経平均	19年かけて高値より19%となり	2009年	大底を打ち	3.8倍と高騰中
金	19年かけて高値より28%となり	1999年	大底を打ち	8.2倍となり調整中
銀	9年かけて高値より23%となり	2020年	大底を打ち	2.6倍となり調整中
原油	12年かけて高値より13%となり	2020年	大底を打ち	7.0倍となり調整中
ドル・円	38年かけて高値より20%となり	2011年	大底を打ち	1.8倍となり高騰中

　金（きん）相場が一番早く大底を打ち、8倍となり指標性をはっきりと示しています。つまり、他の物価を先導しているのです。

　「金（きん）の価格が大幅に上昇すると、他のモノが高騰する」。これが経験則ではありませんか。

　前回、1971年にハイパーインフレが起きたように、金（ゴールド）価格の上昇と、他のモノの上昇開始には、数年〜10数年のタイムラグがあります。

　金価格が上昇を始めて、日経平均株価が動き出すのに10年を要し、為替相場が動意づくのは、20年も後のことです。

資源価格が暴騰を始めたことに驚いた世界各国の中央銀行が、金利を大幅に引き上げました。そうして、物価の動向を注視しているのが現状です。

　調整安はあるかもしれないが、今回は前回と条件が違い、ハイパーインフレが最悪の状態になるのは、必至である。

　そこでどうするかだが、まず株式投資から始めるとよい。次にお勧めしたいのは"米ドル"投資です。

　"円"相場は40年間、上下波動を描きながら、75円の大底を付けた。これは、40年の勢いを充分に蓄積しているということです。

　現在、"130円がらみ"の円相場は、2年後の令和7年には"200円"を、その3年後には"280円"に達成すると考えられます。

　為替投資は、資金さえあれば100％勝てる、安全かつ大有利な"投資"です。是非、FX投資を研究して頂きたい。

大儲けのヒントは、どこにでもあります。

　自販機の前で、紳士然たる中年の男性が、ポケットから小銭を取り出すや、1円アルミア玉をパラパラと捨てた。

　彼にとって、一円玉はゴミ同然なのです。

　大儲けの神様は"日本円"を売れとささやいています。

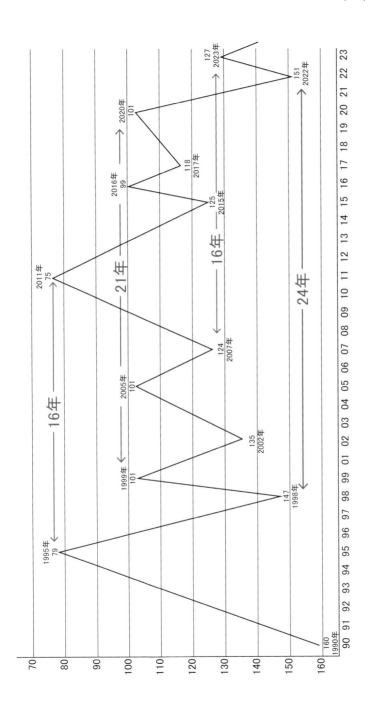

ドル円相場　30年の動き

実物資産としての「コイン」への投資

金銀価格に連動するコイン市場

昭和39年に東京オリンピック記念貨幣として1,000円大型銀貨が発行されました。戦後初めての重量20gの銀貨は、その大きさ、重量ともに日本人に衝撃的な感動を与えた。この銀貨の発行をきっかけとして、現行コイン収集の国民的大ブームが起きました。

　年代別に貨幣を集めていくと、発行枚数の少ない年号の貨幣は入手が困難です。そのため、希少年号貨幣は、投資家、マニアの間で大幅に値上がりし、活発に取引されるようになりました。

　一番の投機の対象になったのは、昭和35年の菊穴あき50円ニッケル貨です。これは、最高価格5,000円まで値上がりしました。発行枚数600万枚の貨幣に投資家、収集家が群がった結果です。また、このオリンピック1,000円銀貨は、2万円を超える値段で売買

されるようになりました。

　現行の貨幣収集ブームは、直ぐに明治時代の貨幣に燃え移りました。脚光を浴びたのは、"竜一円銀貨"です。この銀貨は、明治3年から大正3年にかけての40年間に、貿易決済用として使われました。直径38.6mm重さ26.96gの堂々たる銀貨です。

　東京オリンピック以前のこの竜1円銀貨の取引き値は、500円〜600円でした。収集家、投資家の脚光を浴び、たちまち値上がりを始めました。

情報の遅れが台湾を宝の山に

　台湾は、1895年日清講和条約の締結後、日本に割譲され、東南アジアへの政治的、経済的拠点となりました。

　日本で一円銀貨が高騰していても、日本の情勢が台湾のコイン業者に伝わるのが、今日と違い、当時の通信状況では1、2か月遅れでした。

　日本人バイヤーにとって、価格差メリットとともに、この時間差メリットは大きかったのですが、利用者は少なかったようです。さらに台

湾では、一円銀貨のみならず、コイン全般に渡り、完全未使用などの状態の区分がはっきりされておらず、美品表示のロットの中に未使用が多く混在していました。

　このような状態が数年続き、価格面やコンディションの良好な品を入手できれば、1回台湾へ行くと日本で新築一軒分の利益を確保できたことも多々ありました。

　正に宝の島、麗しの島、台湾でした。

本物であることの証明スラブコイン

　コインブームが金、銀価格に連動して、通貨大ブームが過去3回起きました。

　一円銀貨は1974年に大天井を打ち、27年程の時間を掛け、あたかも株式市場のように三段下げをして、2000年頃に大底を形成しました。現在は、大底から20年の時間を掛けて、第一段上げの途中です。

　これまで、コインを収集、投資する際に、数々の障壁がありました。真偽鑑定の難しさ、状態の判別、値段の確認、確定などよく分からないことが多くあり、収集家、投資家の参入を妨げてきました。

　そこで、コインを硬いプラスチックケースに入れた、いわゆるスラブコインが考え出されたのです。

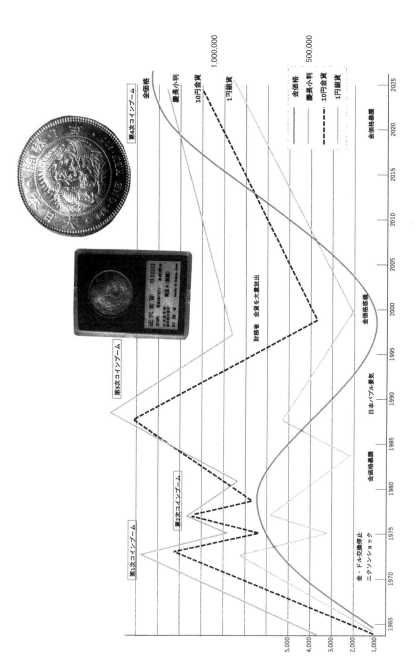

金塊相場とコイン　60年の推移

凡例:
- 金価格
- 慶長小判
- 10円金貨
- 1円銀貨

年表ラベル:
- 第1次コインブーム
- 第2次コインブーム
- 第3次コインブーム
- 第4次コインブーム
- 金・ドル交換停止 ニクソンショック
- 金価格高騰
- 日本バブル景気
- 金価格急騰
- 金価格低迷
- 財務省 金貨を大量放出

横軸: 1965　1970　1975　1980　1985　1990　1995　2000　2005　2010　2015　2020　2025

縦軸: 1,000　2,000　3,000　4,000　5,000　500,000　1,000,000

　すなわち、コインがスラブに封入されていること自体が、本物であることの証明となっていて、表示されている数値によってコインの状態のランク付けも判ります。また、過去の取引価格も調べることができるのである。

　困難な問題のすべてが、このスラブコインの出現で、たちどころに氷解したのです。「正に世紀の大発明」と言う人もいます。

　アメリカのNGC社が1987年に創立し、PGCS社が1986年に創立し、コイン鑑定グレーデングを行っており、大いなる信用度を勝ち得ています。

欧米、中国ではスラブコインの収集や投資が主流となっていて、大流行しています。

　日本ではまだ、スラブコインに慣れておらず、全くの後進国と言えます。

　さらにスラブコインは秘匿性に優れています。1枚数千万円のコインをポケットに納めることが容易なので、誰にも分からないのです。

　状態による評価が、美品と完全未使用のハイクラスとでは、100倍以上の価格差になることもあります。

現在コインの収集家、投資家の関心は薄い

　世界でのコイン投資熱は湧きあがり、この凄い数のコインが日本から流出している状況なのです。すでに海外では、希少コイン、状態の良いコインが取り合いになっています。

　世界的なコインブームの最中、日本ではまだ過熱感も少なく、安値に放置されているコインも沢山あります。

　日本でのコイン収集研究は、608年和同開称以降、歴史的にも古く、盛んに研究もされ、取引もされてきて、論文なども多く残っています。

　世界に誇る大判、小判が存在し、歴史的価値の高いコインが沢山存在しています。

　現在、コイン市場が活発に取引されだして久しいのですが、古

くからの収集家、投資家は、"あつものにこりてなますをふく（羹に懲りて膾を吹く）"のたとえのごとく、まだまだコインに対して関心が薄いと言わざるをえません。

　世界的コインブームの最中、安値に放置されているコインが沢山あり、ここはコイン投資を始める絶好のチャンスと思われます。

次はこうなる

2023年後半〜

相場研究家

市岡 繁男

『デフレ時代の新投資戦略』から始まった

飯田勝平は私のペンネーム

　それは1999年7月のことであった。知人の出版社編集長から「今度、投資戦略の本を出すのだけど、あのチャートを多用して何か書いてくれない？」という打診があった。97年秋、週刊エコノミスト誌に戦前の昭和恐慌と平成バブル崩壊後の類似性を分析した小論を書いて評判を呼んだことがあり、そのつながりでのオーダーだった。

　書名は『デフレ時代の新投資戦略』（ビジネス社）。長谷川慶太朗さん、邱永漢さんvs船井幸雄さん、藤野英人さん（現ひふみ投信代表）、それに市岡の5人のオムニバス本だった。論壇の大御所と名を連ねるのみならず、筆者の担当分は好きなように書いて良いというのだから、願ってもない話だ。

　ひとつ迷ったのは、自分の名前を出すかどうかだった。どうしても「金融業界にとって厳しい時代が来る」という結論にならざるを得ないので、当時、勤務していた銀行に迷惑がかからないとも限らない。

　そこで「飯田勝平」というペンネームで出すことにした。友人たちからは「田舎っぺ」みたいでおかしいと不評だったが、日露

● 高値を追う米国株、低迷する金相場 次に来るものは果たして……

〈データ編〉

アメリカ株暴落後の投資戦略

飯田勝平　市場分析家

一九五八年生まれ。一九八一年、一橋大学卒業。八七年のブラックマンデーをきっかけに、いまや世界の相場変動に興味を抱き、研究を開始。九〇年の株価暴落に昭和金融恐慌との類似性をいち早く指摘。いま日の一〇年デフレを予見。週末するなどして収集した各種資料とデータに基づく独特の市場分析術は定評がある。

一九九九年夏、米国株は大天井を打つ

　「アメリカの株価は割高だ」「暴落間近だ！」

ニューヨーク証券市場の平均株価が六〇〇〇ドル台、いや五〇〇〇ドル台のときから、その

ようなことが叫ばれ続けてきたが、まるでその「叫び声」をあざ笑うかのように、NYダウはスイスイと高値を更新し、今日を迎えている。ときには、「危ない」と思わせる局面もあったが、いずれも「割前後の下落にとどまり、基本的には危なげなく一万ドルの大台を突破したといえよう。しかもNYダウは、その後もいささかも衰え

戦争に勝った日に生まれた日に生まれた祖父の名前を借用したので、筆者は気にいっていた。

≡ 金（ゴールド）の底入れと同時にNY株が
≡ 天井打ちするという予測

　原稿はグラフ40枚を使って「米国株は99年夏に天井打ちする。NYダウの天井打ちは同時に「金」の底打ちとなる」ということを書いた。

　実際には米国株はその半年後の00年1月をピークに下がり始めたので、当たったのか外れたのかは微妙である。だが金については、99年8月が底値（1トロイオンス＝257ドル）だったので当ったと言えよう。

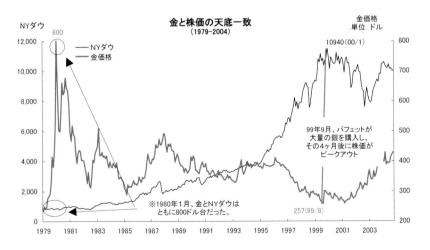

（データ出所）WSJ

087

筆者が金に対し強気だったのは、大恐慌時に金鉱株だけ上がったことや、1987年のブラックマンデー時に金が買われたことを知っていたからだ。

　それに、あのウォーレン・バフェット氏が銀を大量に購入し、「ビルゲイツ氏も追随」との情報を知っていたことも大きかった。

　「アメリカ株暴落後の投資戦略」のその箇所を引用する。

　　「相場の神様」ウォーレン・バフェット氏が銀を買っていることに、一つのヒントが隠されているように思う。つまり、株や債券といった金融資産から、金や石油といった実物資産（商品）への資金シフトが加速する、ということがポイントになるのではないか。（中略）まだ多くの人にその実感はない。それは、金融資産ではNYダウ、実物資産では金（ゴールド）がそれぞれピーク、ボトムをつけていないからである。逆に言えば、金融資産の代表＝NYダウが天井打ちし、実物資産の代表＝ゴールドが底打ちする「天底一致」局面を迎えた後は、金融資産から実物資産への資金シフトが本格化するはずである。

　バフェット氏はそのことをわかる人にはわかるように告知していたのだろう。しかし、誰もが疑問に思うのは、バフェット氏はなぜ「金ではなく銀を買ったのか」ということだ。これはドルの評価に直結する金は動かしにくいので、代わりに銀を買ったとい

うことなのだろう。

　本誌執筆の渡邉さんは、数少ない「わかる人」で、筆者の小論を読んで、金を思い切って大量に購入し、大成功を収めたという。そのこともあって、渡邉さんは筆者とコンタクトを取りたいと出版社に問い合わせたそうだが、お目にかかることは出来なかった。それというのも、著書で予想していた通り「金融冬の時代」が到来し、筆者はそれまで勤務していた銀行を退職したからだ。

日の目をみなかったロスチャイルド金鉱株投信

　2001年8月、筆者は東京のロスチャイルド投信投資顧問に入社した。その1ヵ月後、世界を震撼させた9・11テロが起きた。騒然となる中、筆者は上司に「金鉱株を集めた投資信託」を作ることを提案した。

　有事の際に頼りになるのは金（ゴールド）なので、本当は金現物が良いのだが、投資信託という形をとる以上、有価証券でなければならない（当時は金ETFという商品は存在しなかった）。次善の策として、金鉱株をピックアップした投信にしようと考えたのだ。

　筆者には、1999年秋〜2000年初頭にかけて、先述の「NYダウと金の天底一致」が出現した以上、金は必ず上がるという確信があった。何よりもその当時、自分が買いたいと思う投信は「金鉱株投信」以外にあり得なかったのだ。だが、金価格は300ドル内

外で低迷しており、「金鉱株投信」は売れないという意見も多かった。

　それに金鉱株には大きな欠点があった。それは値動きが大きすぎるということだ。何せ1日で5％以上も動くことが珍しくないのである。これでは顧客は安心できない。そこで筆者は一計を案じた。豪ドルは金と連動する傾向が強かったので、豪ドル建ての短期国債を全体の4割、金鉱株を6割とすることで値動きをマイルドにした商品にする。そして、そのネーミングは「14金ファンド」にしたらどうかと提案したのだった。

　紆余曲折の末、ロンドン本社の承諾を得て準備が始まった。投信販売のプロモーションとして、ロスチャイルド家ゆかりの方にも来日して頂いた。その方は、集まった顧客の前で、「ロスチャイルド家は黒い金、赤い金、そして黄色い金とで財をなした」とスピーチをされたのだった。黒い金は石炭や石油、赤い金はワインのことだ。

　準備が整い、あと1週間後に発売という段階になった2002年9月、ロンドンのロスチャイルド家が全世界の投信投資顧問業務から撤退という発表がなされた。東京の会社も閉鎖となり、金鉱株投信の発売もなくなった。

　それと同時に筆者も失業の憂き目にあったが、捨てる神あれば拾う神あり。金鉱株投信のプレセールスに行っていた損保会社から「金鉱株ファンドがなくなった代わりにあなたがいらっしゃい」と声をかけて頂いたのだ。そのことは今も感謝するばかりだ。

第 I 章

金利の上昇はまだ始まったばかり

①金利の上昇が世界の政治経済軍事を 動かしてきた

図1：1860年代、日米の物価は異なる理由で高騰

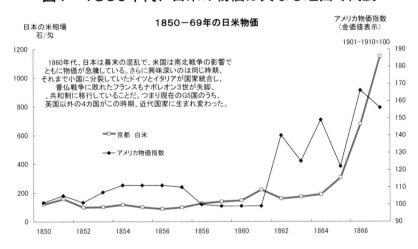

1850−69年の日米物価

日本の米相場
石/匁

アメリカ物価指数
（金価値表示）

1901−1910＝100

1860年代、日本は幕末の混乱で、米国は南北戦争の影響で
ともに物価が急騰している。さらに興味深いのは同じ時期、
それまで小国に分裂していたドイツとイタリアが国家統合し、
普仏戦争に敗れたフランスもナポレオン3世が失脚、
、共和制に移行していることだ。つまり現在のG5国のうち、
英国以外の4カ国がこの時期、近代国家に生まれ変わった。

京都　白米
アメリカ物価指数

（データ出所）江戸物価事典、アメリカ歴史統計

　過去を振り返ると、世界は約80年ごとに動乱の時代を迎えてき
た。1780年代、日本は天明の大飢饉、米国は独立戦争、欧州はフ
ランス革命である。次の1860年代、日本は幕末、米国は南北戦
争、欧州はドイツ、イタリアの国家統一だった。1940年代は世界
大戦で、いずれの時期も物価が急騰していることが特徴だ。図は

1860年代の日米の物価をみたもので、何の因果関係もないのに、同時期に動乱が起きて物価が急騰したのは不思議としか言いようがない。

図2：80年周期の中心年：
1860年と1940年の5年以内に超インフレ化

幕末の米相場、および戦前戦後の商業地地価
（1860年、1940年を100として対比）

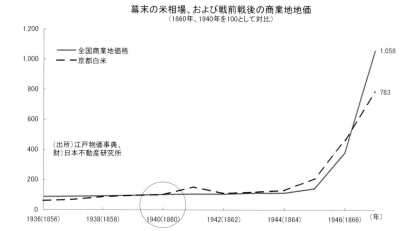

（データ出所）財）日本不動産研究所、江戸物価事典

　図は日本の1860年代の米相場と1940年代の商業地地価の推移をみたものである。1860年、1940年という80年周期の中心年4～5年後からインフレが止まらなくなっている。2020年は次の80年周期の基点である。だとしたら、来る2024～25年も同じようなことが起きるのだろうか。

図3：洋の東西で火山が噴火し穀物高騰→
フランスは革命、日本は飢饉に

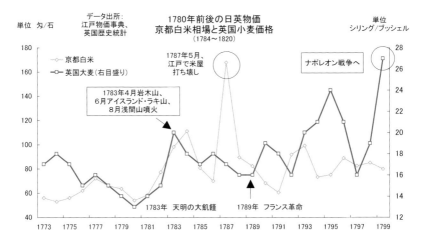

（データ出所）イギリス歴史統計、江戸物価事典

　もう一つの80年周期の基点である1780年代は火山の噴火で始まった。1783年はアイスランドのラキ山と日本の浅間山が相次いで噴火し、ともに日照を遮ったことで大凶作となった。当時の英国の絵画には、ロンドンを流れるテムズ川が凍結している様子が描かれている。こうした寒冷化でフランスは暴動が発展して革命となり、日本では今に名を残す大飢饉となった。

図4：80年周期の呪縛　1780年代のフランス革命
～ナポレオン戦争で金利急騰

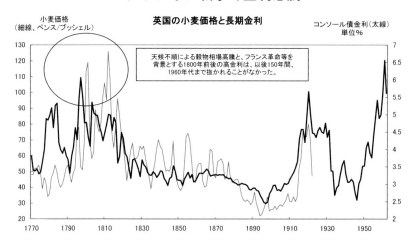

英国の小麦価格と長期金利

小麦価格
（細線、ペンス/ブッシェル）

コンソール債金利（太線）
単位%

天候不順による穀物相場高騰と、フランス革命等を
背景とする1800年前後の高金利は、以後150年間、
1960年代まで抜かれることがなかった。

（データ出所）イギリス歴史統計

　1780年代のフランス革命はその後、ナポレオン戦争に発展し、英国の小麦価格と長期金利はともに急騰した。この時の英長期金利は1960年代まで150年間も上回ることがない記録的な水準となった。

図5：米10年債、長期に亘って保有している投資家は全員、
　　　含み損を抱えた計算

米10年債　長期チャート

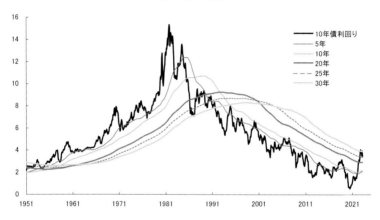

（データ出所）FRB

　そして2020年代、1981年にピークをつけた米長期金利は2020年
から上昇に転じ、現在は30年移動平均にぶつかったところで足踏
みしている。ということは、この30年間に長期債を購入した投資
家は全員、含み損を抱えているということだ。

図6：債券価格は多少戻ったとはいえ、まだ相当な含み損を抱えている

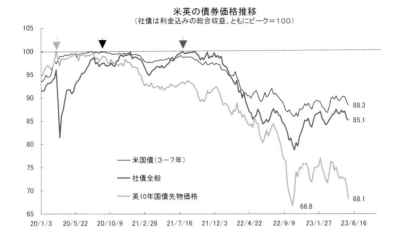

米英の債券価格推移
（社債は利金込みの総合収益、ともにピーク＝100）

（データ出所）Investing.com、セントルイス連銀

　英米の債券価格は昨年10月以降、多少は戻った。だが米国債は
ピーク比で15％ほど下落したままであり、英国債に至っては2022
年9月末のミニ金融パニック時の水準に接近している。この時、英
国の金融界は2008年のリーマンショック一歩手前の様相を呈し
ていたという。筆者には近い将来、英国発の金融危機が起きるよ
うに思えてならない。

図7：米銀の含み損、まだ自己資本の
13%も毀損している

米銀の証券含み損益と、
自己資本に対する含み損益率

単位 十億ドル

含み損益÷自己資本

　今年3月末時点のデータによると、米銀の債券含み損は5160億
ドル（72兆円）もある。これは（会計ルール上、損失を計上しな
くても良い）満期まで保有する分に限ってみても、自己資本の13%
に相当する巨額の損失だ。

図8：3ヶ月T-Billと預金金利の差は更に拡大
→預金の流出は加速

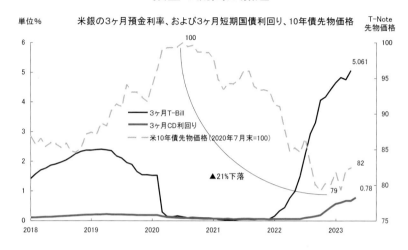

単位% 　米銀の3ヶ月預金利率、および3ヶ月短期国債利回り、10年債先物価格　T-Note
先物価格

- 3ヶ月T-Bill
- 3ヶ月CD利回り
- 米10年債先物価格（2020年7月末=100）

▲21%下落

（データ出所）FRB

　米銀の預金金利は3ヶ月CD（譲渡性預金）でも平均0.78％でし
かない。一方、誰でも購入出来る3ヶ月ものの短期国債（T-Bill）
の利回りは5％を超えている。これでは預金が流出するのは無理
もない。

　シリコンバレー銀行は預金の流出が止まらなくなり、ピークか
ら2割以上も下落した長期債の売却を余儀なくされた。その結果、
莫大な含み損が表面化し、更なる預金流出となって破綻した。そ
の際に米当局は25万ドル以上の保険適用外の預金も全額保証す
ると宣言した。このため、その後は大きな騒ぎになっていない。
だが株主や社債の保有者は保護されないので、中小銀行株の動揺
はまだ収まっていない。

図9：金利の60年サイクルに従えば、
あと20年は金利上昇局面が続く

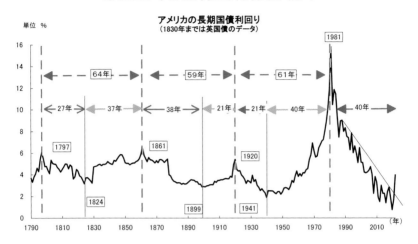

（データ出所）アメリカ歴史統計、イギリス歴史統計、FRB

　社会の動乱は80年周期なのに対し、長期金利は60年周期で動いている。景気のサイクルであるコンドラチェフのサイクルは金利のサイクルでもあったということだ。

　前回の金利ピークは1981年なので、次のピークは2040年頃になるだろう。今回の金利ボトムは2020年なので、あと20年くらいは金利が上がり続ける可能性があるということだ。

　これまで40年間も金利が低下していたので、社会の仕組みは低金利の持続を前提にしている。それだけに今後は政治・経済・風俗習慣のあらゆる面で、パラダイムシフトと言って良いほどの変化が起きるだろう。

図10：米債務比率が過去最高レベルになった段階で
金利が上がり始めた

（データ出所）アメリカ歴史統計、FRB

　長らく続いた金利低下局面において債務が積み上がってきた。その結果、いまの債務比率（「政府＋家計＋企業」÷名目GDP）は1933年の大恐慌期とほぼ同じ水準にある。目一杯、借金をした段階で金利が上がり始めたのである。今後は債務者はもちろんのこと、債権者も共倒れとなる事態が想定される。日本は世界一の債権国だが、他国の債務を取り立てる軍事力はないので、海外でデフォルトが相次ぐ場合は、最も痛手が大きくなるだろう。

図11：世界の債務総額はこの20年間で60兆ドル →214兆ドルに激増

単位 十億ﾄﾞﾙ

主要国・地域の非金融部門・債務総額
（非金融部門：政府＋事業会社＋家計）

凡例：
- 米国
- 中国
- ユーロ圏
- 新興国（除く中国）
- 先進国（除く米国、ユーロ圏、日本）
- 日本

64,402
49,929
32,926
28,123
22,745
15,940

総計214,065

（データ出所）BIS

　世界の債務総額は2002年からの20年間で3.5倍に急増している。なかでも増加ピッチが大きいのは中国で、ほぼゼロ水準から50兆ﾄﾞﾙもの債務を積み上げてきた。これに対し、バブル崩壊で苦労した日本はほとんど債務が増えていない。政府の債務は多いものの、その分だけ民間が身軽になったということだ。

図12：債務比率（民間債務÷名目GDP）が200%を超えると危うい

単位%

主要国の民間部門債務比率
（債務比率＝「家計＋民間企業」÷名目GDP）

216.6
（94/7〜9）

フランス
韓国
中国
カナダ
日本

（データ出所）BIS

　日本の民間債務比率が200%を超えたのは1989年のことだった。そこから金利が上昇したことでバブルが崩壊したのだった。いまフランス、韓国、中国、カナダが30数年前の日本と同じ債務比率である。これから更に金利が上がるのだとしたら、かつての日本と同じ状況に陥る可能性がある。

図13：中国の民間債務比率はバブル崩壊前後の日本と
同じ軌跡を辿っている

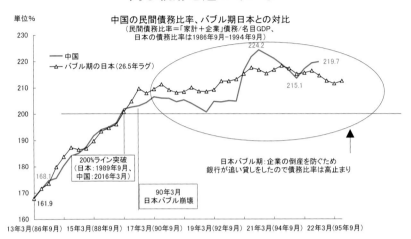

中国の民間債務比率、バブル期日本との対比
（民間債務比率＝「家計＋企業」債務／名目GDP、
日本の債務比率は1986年9月-1994年9月）

（データ出所）BIS

　中国の債務比率の推移はバブル崩壊前後の日本と酷似してい
る。債務比率が横ばいで推移しているのは銀行が追い貸し（利息
分も追加で融資して不良債権化を防ぐ）をしていたからだ。しか
しながら、最近は不動産バブルの崩壊が表面化しており、日本で
銀行や証券が破綻した97 ～ 98年頃と同じ状況になっている。

図14：19世紀末の英国はデフレからインフレに移行した

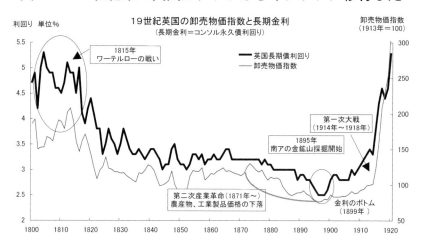

19世紀英国の卸売物価指数と長期金利
（長期金利＝コンソル永久債利回り）

利回り 単位％

卸売物価指数
（1913年＝100）

- 1815年
ワーテルローの戦い
- 英国長期債利回り
- 卸売物価指数
- 第一次大戦
（1914年〜1918年）
- 1895年
南アの金鉱山採掘開始
- 第二次産業革命(1871年〜)
農産物、工業製品価格の下落
- 金利のボトム
（1899年）

（データ出所）イギリス歴史統計

　ここでもう一度、図9をみてほしい。金利のボトムは1824年、1899年、1941年と続き、2020年は4回目である。なぜ金利が反転したのか。1824年はよくわからないが、1941年は真珠湾攻撃がきっかけであったことははっきりしている。注目は1899年の金利反転で、南アの金鉱山発見で通貨供給量が増える（金本位制下では金現物の増加が必須）→景気拡大→物価上昇→金利上昇という経路を辿っている。

図15：20世紀初頭は自動車等が実用化された
工業化の時代なのに株価は下落

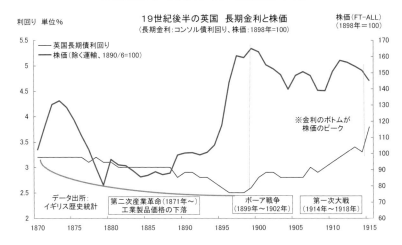

19世紀後半の英国　長期金利と株価
（長期金利：コンソル債利回り、株価：1898年=100）

（データ出所）イギリス歴史統計

　その後は1914年の世界大戦を経て1920年まで金利が上昇し続けた。注目は、1899年の金利上昇後は平均株価が下がったことだ。20世紀初頭は自動車や飛行機、電話が実用化されたハイテク全盛の時代となったが、株価は金利の上昇に抗えなかったのである。

図16：この30年間の米国債価格の推移は
19世紀末の英国債と似ている

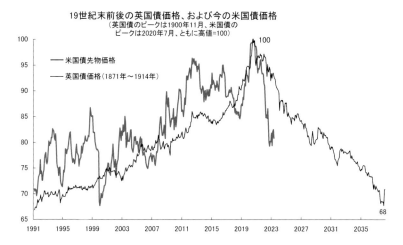

19世紀末前後の英国債価格、および今の米国債価格
（英国債のピークは1900年11月、米国債の
ピークは2020年7月、ともに高値=100）

（データ出所）London & Cambridge Service 、CME

　1871年〜1914年の英国債価格をみると、1899年のピークから
1914年にかけて32％も下落している。この当時、富裕層の資産運
用は債券が中心だった。そのダメージはあまりにも大きく、株式
に振り向ける資金的余裕はなかった。これでは株価が上がりよう
がない。

　興味深いことに、この30年間の米長期債の価格は19世紀末の英
国債価格と似た動きをしている。ただ、20世紀初頭は、工業化の
進展による前向きの金利上昇だったが、21世紀初頭は、経済成長
が伴わない後向きの金利上昇という違いがある。

②なぜ金利が上がり続けるのか

　米国の長短金利は2020年7月末を境に上がり始めたが、その流れはあと数年は続くだろう。その理由は次の5つにまとめられる。

1、主要国における生産年齢人口の減少（図17〜図19）

2、量的緩和政策の副作用（図20）

3、ウクライナ戦争と米国の財政赤字（図21〜26）

4、海外投資家の米国債離れ（図27〜図30）

5、太陽活動の活発化（図31）

図17：金利上昇要因①

生産年齢人口の増勢鈍化で世界の実質GDPも伸び悩み

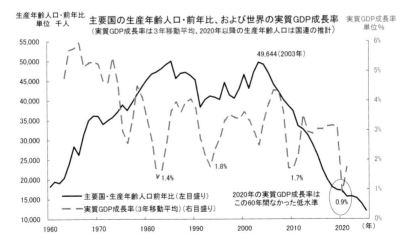

生産年齢人口・前年比
単位 千人

主要国の生産年齢人口・前年比、および世界の実質GDP成長率
（実質GDP成長率は3年移動平均、2020年以降の生産年齢人口は国連の推計）

実質GDP成長率
単位％

（データ出所）国連、世界銀行

　生産年齢人口が減少すると、債務返済の原資となるGDPが伸び

悩んでしまう。個人に置き換えると、収入が減っているのに借金が膨らんだ状態になるということだ。

図18：生産年齢人口に連動して増加してきた債務総額だが、いまは借金だけ残る…

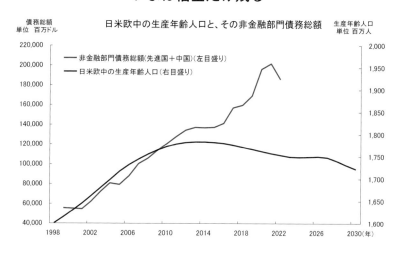

日米欧中の生産年齢人口と、その非金融部門債務総額

債務総額
単位 百万ドル

生産年齢人口
単位 百万人

— 非金融部門債務総額(先進国＋中国)(左目盛り)
— 日米欧中の生産年齢人口(右目盛り)

（データ出所）国連、BIS

この20年間、「先進国＋中国」の非金融部門債務総額は4倍に増加した。最初の10年は債務の増加に見合って生産年齢人口も増加していたが、2010年以降は生産年齢人口が頭打ちとなる中、債務だけが増加。特にここ数年はコロナ禍に直面し、債務の増加ピッチが急激になっている。

図19：戦前は子供の数が多すぎるため社会負担が重かった。しかし今は…

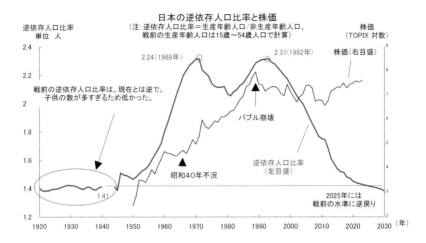

（データ出所）厚生労働省、国連

　生産年齢人口が減るということは老人の数が増えるということでもある。いま日本では1人の非生産年齢人口層（老人と子供）を1.4人の生産年齢人口層が支えるという歪な構造になっている。そのため、現役世代に年金等の負担が重くのしかかっている。今から30年前、その比率は2.3人だった。日本経済低迷の元凶は人口動態だといっても過言ではない。

　ちなみに戦前も今と同じ1.4人だったが、これは子供の数が多すぎたからで、現在とは正反対の理由によるものだった。

図20：金利上昇要因②
量的緩和の副作用で物価上昇が加速している

3中銀の量的緩和と米CPI

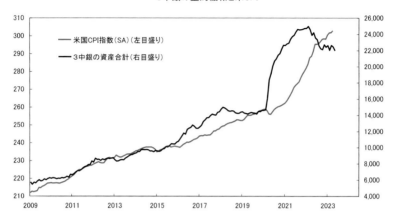

米国CPI指数（SA）（左目盛り）

3中銀の資産合計（右目盛り）

（データ出所）FRB、ECB、BOE、日銀、米労働統計局

　2020年のコロナ禍に際し、各国中央銀行は不況対策として量的緩和政策（お金のバラマキ）に踏み切った。いまの物価上昇はその副作用といえるもので、日米欧3中銀の資産合計と物価指数が連動していることはその表れだ。物価が上がり続けるなら、各国中央銀行は金利を上げざるをえない。

図21：金利上昇要因③
FRBはウクライナ戦争の直後から利上げを開始した

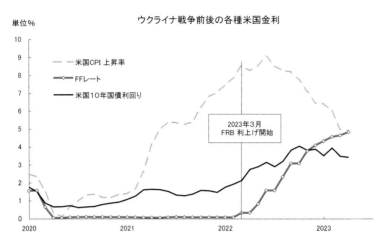

単位％

ウクライナ戦争前後の各種米国金利

（データ出所）セントルイス連銀

　2021年からの物価上昇に際し、FRBはすぐには動かなかった。ところが22年2月のウクライナ戦争勃発後はすぐさま、利上げに踏み切った。この戦争でロシアから安価な原材料が入手できなくなり、物価の上昇が長引くことはもちろんのこと、戦費の調達等で膨大な資金需要が発生するとの判断があったのだろう。

図22：戦争は金利を上昇させる　朝鮮戦争の場合

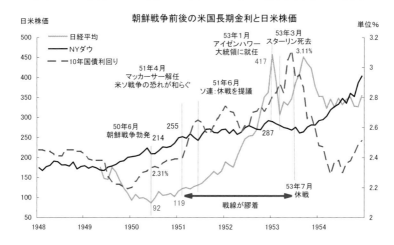

（データ出所）A History of Interest Rate

　第二次大戦時は、米国政府とFRBとの間で金利を抑える取り決めがなされ、金利は一定水準を維持していた。米政府は1950年に勃発した朝鮮戦争でも、FRBに同様の措置を取るよう要請したが拒否されてしまう。このため朝鮮戦争時には金利が上昇した。

図23：戦争は金利を上昇させる　ベトナム戦争の場合

ベトナム戦争時の長期金利と株価

（データ出所）FRB、NYSE

　ベトナム戦争でも金利は上昇した。今回、米国はウクライナ戦争に直接は参戦していない。だが、大量の兵器を供給し、多額の資金的援助を行っていることが財政を逼迫させ、金利上昇の原因になっている。

図24：17世紀初頭の超低金利国、伊ジェノアの金利は宗主国の没落で急騰した

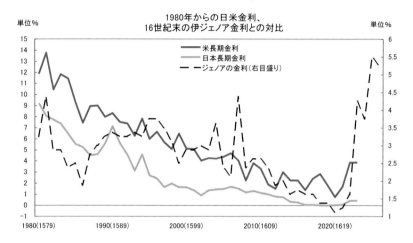

単位%

1980年からの日米金利、
16世紀末の伊ジェノア金利との対比

単位%

- 米長期金利
- 日本長期金利
- ジェノアの金利（右目盛り）

1980(1579)　1990(1589)　2000(1599)　2010(1609)　2020(1619)

（データ出所）A History of Interest Rate、FRB、日銀

　1998年に日本の長期金利が1％台に落ちこむまで、歴史上、もっとも低金利だったのは17世紀初頭の伊ジェノアの事例である。ジェノアは宗主国スペインの庇護のもと、各国との貿易で繁栄を謳歌し、空前のカネ余りとなっていた。ところが相次ぐ戦争でスペインの国力が傾いてしまい、ジェノアの栄華も終焉を迎える。

　日本の超低金利時代も、1620年（80年周期の中心年でもある）のジェノアと同じパターンを歩んでいなければ良いのだが。

図25：米政府の利払い費増に伴って金利も上昇していく

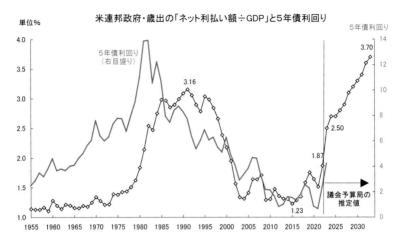

米連邦政府・歳出の「ネット利払い額÷GDP」と5年債利回り

（データ出所）米議会予算局

　コロナ禍に伴う財政出費拡大とウクライナ戦費の負担で、米政府の利払い額は今後、爆発的に増加していく。いま歳出の最大項目は社会保障費だが、数年以内に利払い費が上回るという試算もある。税収が増えないのであれば、国債を増発して利払い費を賄うほかなく、そうなれば利払い費負担がさらに増える。

　米議会予算局は政府の「ネット利払い費÷名目GDP」は（2023年9月で終わる）今年度以降、大幅に悪化するとみており、今後は物価のみならず、財政面からも金利の上昇は避けられない。

図26：予想インフレ率（物価連動債利回り）は
原油に連動している

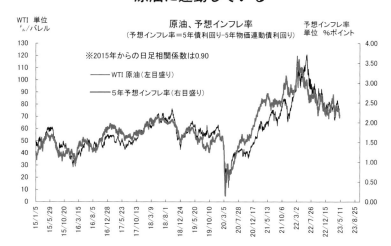

（データ出所）セントルイス連銀

　金利の先行きを考えるうえで最も重要なのは原油の動きである。原油価格と予想インフレ率（米5年債と5年物価連動債の利回り差）が連動していることはその表れである。原油は2021年以降、じり高基調となり、22年2月のウクライナ戦争勃発でピークとなった。これはロシア、ウクライナとも1年前から開戦準備を進めていたことを示す。戦争は膨大な燃料を消費するからだ。

　同じことは今の原油価格についてもいえる。中国の景気が鈍化しているのに、原油価格はさほど下落していないからだ。理由として考えられるのは中東の動向だ。核開発を進めるイランをイスラエルが近々、攻撃するという時があるが、原油動向をみる限り、その可能性は否定できない。そうなれば第三次石油ショック

となって、物価や金利は急騰するだろう。

図27：08年以降、新興国の米国債離れ
→公的金準備の積み増しが始まった

米国債に占める　米国債残高に占める海外投資家の割合、および世界の公的金保有量　公的金保有量
海外投資家の割合　　　　（米国債：市場性のある国債で短期債を含まない）　単位 千トン

（出所）World Gold Coucil、FRB

　2008年、米国債残高に占める海外投資家の保有割合は64％も
あった。その後、FRBは量的緩和政策に踏み切ってドルを大量に
増刷し、各国の外貨準備は激しく目減りした。こうした状況に対
し、新興国はドル資産を金にシフトし始めた。ちなみに日本など
先進国は79年以降、金準備を増やしていない。これは78年のカー
ターショックに際し、（ドルの下落を誘発する）金の購入を自粛す
る密約が交わされたのだろう。その間隙をぬってロシアや中国、
インドといった新興国が金を買い増す構図だ。

図28：金利上昇要因④
中国はこの10年間、米国債保有残高を縮小してきた

単位 百万ドル

中国が保有する米国債残高

（データ出所）米財務省

　米国債の保有を抑制し、金準備を積み上げることに最も熱心なのは中国である。中国の米国債保有シェアは2013年時点に、海外投資家全体の26%を占めていたが、現在は13%に半減している。特にこの数年は、米中関係の悪化で中国は米国債をあまり買わなくなった。このため米金利は上がりやすくなっている。

図29：日銀は日本国債を買い支え→当座預金増
→民間の資金を海外証券投資に誘導

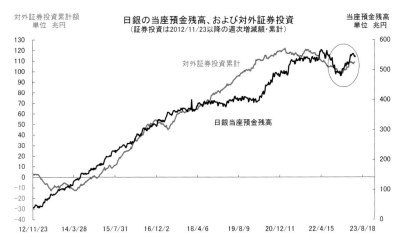

（データ出所）財務省、日銀

　日本は2013年に就任した黒田日銀総裁の下、量的緩和政策（国債の大量購入）を通じて為替を円安方向に誘導した。当座預金残高（日銀の量的緩和の度合いを示す）が膨張するのに伴って、対外証券投資が拡大したことは、その表れである。

図30：米国　もはや金利を上げなければドルを維持出来ない

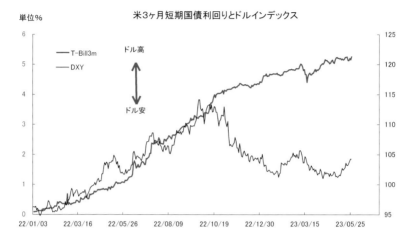

単位％　　　　　　　　　　　米3ヶ月短期国債利回りとドルインデックス

（データ出所）セントルイス連銀

　2022年10月以降、米短期金利が持続的に上昇しているにもかかわらず、ドルインデックスは低下している。ウォール街ではいま、FRBは年内に利下げに転じるという楽観論がある。だが、米国はウクライナ支援等で財政赤字が膨らむ中、海外から資金を集めなくてはならない。このため株価が大きく下げない限り、FRBには利下げを行う選択肢はないはずだ。

図31：金利上昇要因⑤

太陽黒点と米長期金利が連動→金利ピークは2026年？

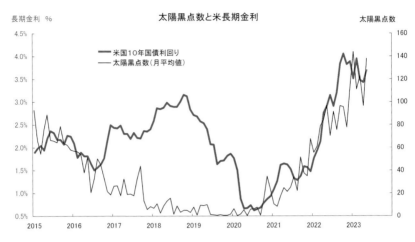

太陽黒点数と米長期金利

長期金利 ％

太陽黒点数

（データ出所）Silso

　これは偶然かもしれないが、いま米長期金利は太陽黒点数に連
動しているようにみえる。太陽黒点は11年周期で増減するので、
そのピークは2025 〜 26年くらいとなる。だとすると、あと2 〜 3
年は金利が上がり続けるのではないか。ちなみに太陽黒点のピー
ク時には、相場が極端に動くとか（1929年、1989年の株価ピーク
は太陽黒点のピークでもあった）、革命、戦争といった事態が起き
やすくなる。これは太陽活動の活発化に伴い、人々の気持ちが高
ぶるからだ。

③国債と社債の利回り差（信用スプレッド）の悪化は金融危機の前兆

図32：大恐慌期の信用スプレッド：低格付け債の利回りはいち早く増加していた

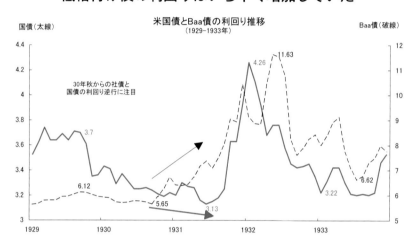

国債（太線）

米国債とBaa債の利回り推移
（1929-1933年）

Baa債（破線）

（データ出所）FRB:Banking and Monetary Statistics 1914-1941

　年金基金などの機関投資家が投資対象とするのは、格付けがBaa債までの債券である場合が多い。国際決済銀行（BIS）によると、Baa格の債券は全体の5割を占めるという。このため金融環境が悪化し、Baa格社債の格付け見直しが相次ぐと、社債市場は買い手不在の状況となる。

　ちなみに大恐慌期の1930年秋から31年にかけて、米国債と社債の利回り差（信用スプレッド）は著しく拡大していた。これは31年5月にオーストリア、ドイツで発生した金融危機を先取りしていた。

図33：Baa債と国債の利回り差（信用スプレッド）が
拡大し始めたら要注意

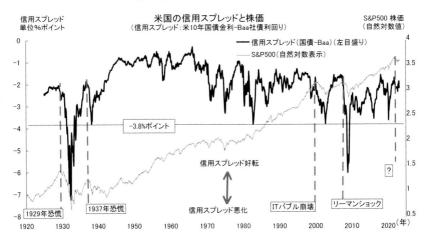

（データ出所）Banking & Monetary Statists

　過去100年間のデータをみると、信用スプレッドの動向は株価
危機のシグナルになっている。いまはまだ危機的な状況とはなっ
ていないが、経験則上、Baa債との信用スプレッドが3.8%ポイン
トを超えたら要注意である。

※ちなみに信用スプレッドの動向は"FRED　USA　DBAA"で
検索するとセントルイス連銀のHP上でBaa債の利回りが表示
されます。次に"FRED　USA　DGS10"で検索すると米10年国
債の利回りが出ますので、その差額をみてください。

第 II 章

為替の流れをみる

①各種チャートは趨勢的な円安を示唆

図34：ドル円の超長期レートは左右対称、
戦前は軍事費負担が重かった

国家財政に占める軍事費の割合とドル円レート

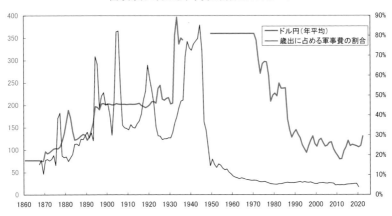

（データ出所）日本長期統計、我國商品相場統計表（財：金融研究會）

　80年周期の起点である1860年から現在までのドル円チャートをみると、戦時中の1940年を挟んで左右対象となっていることがわかる。明治〜昭和初期の円安は国家財政に占める軍事費の割合が大きく、戦後〜平成の円高はそうした負担が少なかったことが影響している。

いま防衛費を2倍に増やすというが、2020年からの80年期は防衛費や社会保障費の負担増で国家財政が圧迫され、円安が加速することになるのかもしれない。

図35：ドル円の超長期チャート、
過去50年間なかったことが起きている

（データ出所）日銀

　ドル円のチャートは横一線に並ぶ5年〜30年の各種移動平均線を、2021年になって一気に抜けた。これは戦後一環して円高となってきたトレンドを一変させるパラダイムシフトと言って良い出来事だ。

図36：ドル円は逆三尊形→ターゲットは170円

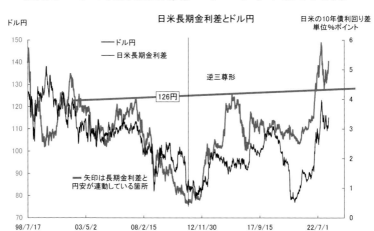

（データ出所）WSJ電子版

　いまドル円は、円高から円安への転換を示す逆三尊形となって
いる。チャートの教科書通り、いま126円台にあるネックライン
から底値までの倍返しがあるなら、170円がターゲットとなる。

②ファンダメンタル分析も円安を示唆

図37：経常収支も赤字になれば円安は止まらなくなる

（データ出所）財務省、日銀

　2001年末に中国が世界貿易機関（WTO）に加盟したことを機に、日本からも工場の海外移転→産業空洞化が相次いだ。このため貿易赤字が恒常化するようになり、そこにコロナ禍後の原油高が追い打ちをかけた。これが昨今の円安の背景にある。最近は証券投資などの配当収入等を加えた経常収支も赤字になることもある。もし中東で有事が発生するなどで原油価格が高騰したら、円安が止まらなくなる怖さがある。

図38：老齢化の進展に伴って円が弱くなってきた

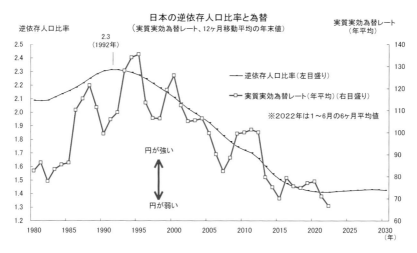

日本の逆依存人口比率と為替
（実質実効為替レート、12ヶ月移動平均の年末値）

逆依存人口比率

実質実効為替レート
（年平均）

（データ出所）日銀、国連

　日本の競争力が弱くなった原因の一つは老齢化の進展である。人口動態上の強さをみる逆依存人口比率（生産年齢人口÷非生産年齢人口）は1992年がピークで、その後は悪化する一方だ。興味深いことに、円の強さを示す実質実効為替レートは、逆依存人口比率に連動して低下している。

図39：高齢化で日本から海外に金が流出している

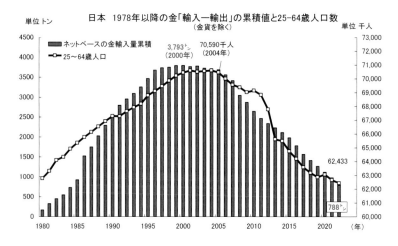

日本 1978年以降の金「輸入ー輸出」の累積値と25-64歳人口数
（金貨を除く）

単位 トン

単位 千人

- ネットベースの金輸入量累積
- 25〜64歳人口

3,793トン
（2000年）

70,590千人
（2004年）

62,433

788トン

（データ出所）財務省、総務省

　残念なのは高齢化の進展とともに、日本の富が海外に流出している
ことだ。日本の金（ゴールド）の累積は、1985年の昭和天皇
御在位60周年記念金貨の発行を機に、年々増加していた。その増
加カーブは金の購入対象でもある25〜64歳人口の増加と機を一
にしていた。

　しかし2000年前後にその人口数が減少に転じたことで、日本か
ら海外に金が流出していく。かつての現役世代（25〜64歳層）
はリタイアし、金を売却して生活費に充当した。他方、彼らが売
却する金の受け皿となる次の25〜64歳人口は年々減少している
ので、どうしても日本から海外に金が流出してしまうのだ。

図40：ドル建てでみた場合のGDPは悲しいほど縮小している

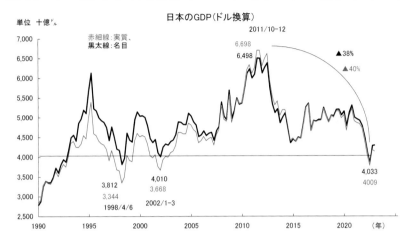

日本のGDP（ドル換算）

単位　十億ドル

（データ出所）内閣府

　日本の名目GDPはこの25年間、ほとんど増えていない。しかしドル建てでみるともっと悲惨な状況にあり、2011年のピークから実に4割も減少している。

図41：世界に占める日本のGDPシェアは低下する一方

実質GDP（ドル建て）各国のシェア

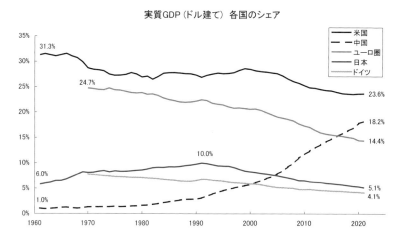

（データ出所）世界銀行

　世界に占める日本のGDPシェアも低下するばかりであり、い
ま、そのシェアは世界銀行のデータで遡れる1960年以降で最も低
い水準にある。

図42：実質GDPの内訳をみると、
一番肝心な総投資が増えていない

単位 兆円

実質GDPの項目別でみた21世紀以降の累積増減額
（2001/1Qと比べ、何が増えて何が減ったのか）

（データ出所）内閣府

　実質GDPの内訳をみると、この21年間、最も需要な総投資（住宅と設備、政府投資の合計）が増えていない。投資が増えないようでは国は豊かにならない。かくして円安が進み、円安が進めば資金は海外に向かい、更に円安が加速する悪循環になっている。

図43：95年以降、日本の労働投入量は1割以上も減っている

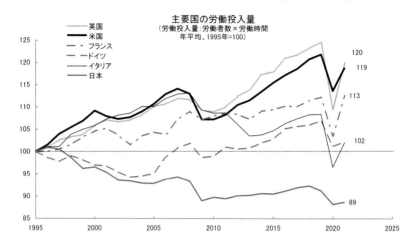

主要国の労働投入量
（労働投入量：労働者数×労働時間
年平均、1995年=100）

凡例：
英国
米国
フランス
ドイツ
イタリア
日本

120
119
113
102
89

（データ出所）OECD

　日本では生産年齢人口の減少によって、95年以降、労働投入量
（労働者数×労働時間）が1割以上も減少している。それにもかか
わらず、この四半世紀間に祝日が急増し、年間の労働時間が減少
している。これではGDPが増えるはずがない。

図44：名目ＧＤＰ増加額が政府総債務増加額を
上回ったのは94年以降、2回だけ

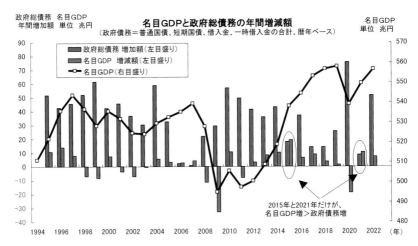

政府総債務　名目GDP
年間増加額　単位 兆円

名目GDP
単位 兆円

名目GDPと政府総債務の年間増減額
(政府債務＝普通国債、短期国債、借入金、一時借入金の合計、暦年ベース)

凡例：
- 政府総債務 増加額（左目盛り）
- 名目GDP 増減額（左目盛り）
- 名目GDP（右目盛り）

2015年と2021年だけが、
名目GDP増＞政府債務増

（データ出所）内閣府、日銀

　GDPが低迷する一方で、高齢化の進展で社会保障費などの義務的経費は増加している。税収との不足分は国債発行で補うしかないが、94年以降、名目GDPの増加額が政府債務を上回ったことは2015年と21年の2回しかない。これでは財政赤字が膨らむばかりだ。

図45：コロナ禍に伴う流動性供給は89年ピークを凌駕
→空前の金余り

銀行貸出、日銀資産
前年比増減額/名目GDP 日銀資産と国内銀行貸出の「前年比増減額/名目GDP」と株価 株価
（日銀資産と国内銀行貸出は4四半期移動平均）

（データ出所）日銀

　財政赤字は空前の水準に膨らんでおり、日銀は利上げをしたくても出来ない。国家の歳出に占める利払い費の割合が増加してしまうからだ。

　1989年のバブル期、日本の銀行が貸出を通じて市中に供給したお金は、フローベースでGDPの19%に達していた。ところが2017年、日銀と民間銀行が供給したお金はGDPの19%となり、89年と並ぶ。さらにコロナ禍直後の2021年はGDPの25%まで膨張した。そのお金は主に海外に流れ、世界的規模の超低金利→過剰流動性相場を形作ったのである。

図46：幕末の海外・金銀比価は日本からの金貨流出で記録的な水準になった

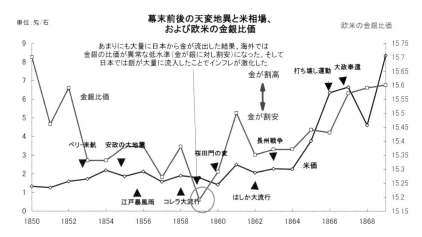

単位:匁/石

幕末前後の天変地異と米相場、および欧米の金銀比価

欧米の金銀比価

あまりにも大量に日本から金が流出した結果、海外では金銀の比価が異常な低水準（金が銀に対し割安）になった。そして日本では銀が大量に流入したことでインフレが激化した

金が割高

金が割安

ペリー来航　安政の大地震　　桜田門の変　　打ち壊し運動　大政奉還

長州戦争

江戸暴風雨　コレラ大流行　はしか大流行　　米価

（データ出所）江戸物価事典、Global Finanncial Data

　FRBが利上げを繰り返す一方で、日銀は金利を上げようとしないので、日米金利差は開くばかりだ。これでは日本のお金が海外に流出するのは当然だ。

　似たようなことは幕末にもあり、この時は金銀比価の違いから、大判小判（金貨）が海外に流出し、代わりに銀貨が流入した。あまりに大量に金が流出したので、香港の金銀比価は記録的な安値（銀と比べて金が安い）となったほどだ。

　他方、日本では大量の銀が過剰流動性として滞留し、その後に超インフレを引き起こすこととなった。

　いま、日本の富は証券投資という形で大量に海外に流出し、国内では日銀の当座預金に過剰流動性が滞留している。これは幕末

とよく似た構図ではないか。

図47：　在日外銀は円キャリートレードを急増させている

在日外銀の負債勘定合計とドル円
（負債勘定は23年2月末現在）

単位 百万円　　　　　　　　　　　　　　　　　　　　　　　　ドル円

（データ出所）日銀

　日米金利差が拡大する中で、低利の円を調達して高利回りのド
ル資産に投資するキャリートレードが活発化している。その中核
は在日外銀で、その負債勘定とドル円の動きは概ね一致している。

第 III 章

株価はどうなるのか

①何か良くないことが起きそう

図48：米国、逆イールドの度合いは
過去100年で２番目の水準

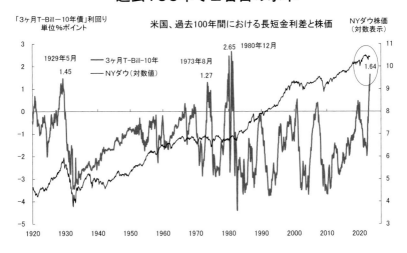

「3ヶ月T-Bill－10債」利回り
単位%ポイント

米国、過去100年間における長短金利差と株価

NYダウ株価
（対数表示）

（データ出所）Banking & Monetary Statistics

　米国の短期金利（３ヶ月短期国債）と長期金利（10年国債）の利回りが逆転している（逆イールド）。逆イールドとなった場合、1年～1年半後に不況になるというが、通常はその前に株価が下落する。今回の逆イールドはその長短金利差が過去100年間で2回目となる大きさであり、何か良くないことが起きる予感がする。

図49：マネーストックM2がマイナスになったのは 過去100年間で5回しかない

米国のマネーストック（M2）前年比

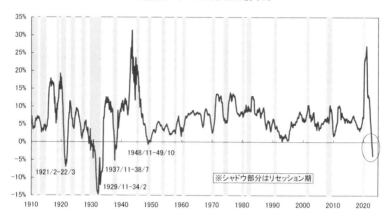

（データ出所）Banking & Monetary Statistics

　米国のマネーストックM2（現預金）が前年を割り込んだのは過去100年間で5回しかない変事だ。最初の1921年は失業率が20%を超える不況下で起きた。続く29年は大恐慌、37〜38年は第二次恐慌で、第二次大戦はその翌年だ。48〜49年も翌年が朝鮮戦争だった。いわばM2の前年割れは凶兆であり、今回も要注意だ。

図50：全米の企業収益・前年比はFRBの総資産・ 前年比に1年半遅行

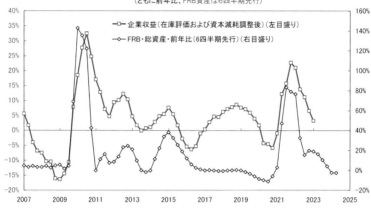

米国　マクロベースの企業収益とFRB総資産
（ともに前年比、FRB資産は6四半期先行）

凡例：
- 企業収益（在庫評価および資本減耗調整後）（左目盛り）
- FRB・総資産・前年比（6四半期先行）（右目盛り）

（データ出所）米経済分析局、FRB

　2008年のリーマンショック以降、米企業収益（未上場企業を含む）の前年比はFRBの総資産・前年比に1年半遅行してきた。FRBが量的緩和に転じたら企業収益は好調になり、量的引き締めに転じたら不調になるということだ。FRBの総資産はこのところ、ずっと前年比マイナスなので、企業収益が減益となる局面は近いといえよう。

図51：米国のソフトウエア株とエネルギー株の
天底一致（凶兆）が出現？

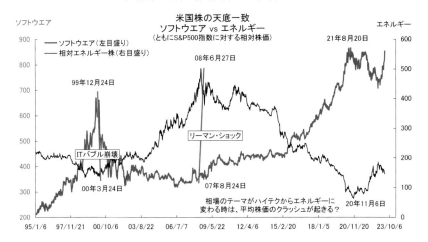

（データ出所）WSJ

　S&P500の産業別指数であるソフトウエア株指数とエネルギー株指数（ともに相対株価ベース）は長らく逆相関の関係にある。2000年と08年には双方のピークとボトムが一致する「天底一致」現象が出現した。注目は、00年はITバブル崩壊、08年はリーマンショックといった波乱の時期でもあったことだ。今回、2020 〜 21年にかけて「天底一致」が出現したかに見えた。このところのソフトウエア株の急騰で過去の呪縛を脱した感もあるが、金利がジリ高となる中、まだ安心はできない。

図52：ハイテク株と重厚長大株の天底一致は嵐の前触れ

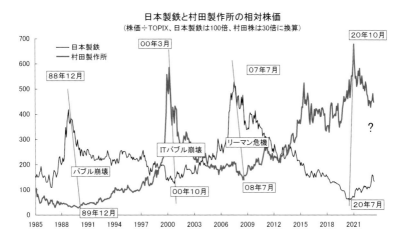

日本製鉄と村田製作所の相対株価
（株価÷TOPIX、日本製鉄は100倍、村田株は30倍に換算）

（データ出所）東証

　日本でも日本製鉄と村田製作所の株価（相対ベース）は1988〜89年、00年、07〜08年の過去3回に亘り、「天底一致」現象が出現している。いずれも平均株価がクラッシュした時期でもある。2020年には4回目の「天底一致」が出現した。果たして3度あることは4度あるのか、先行きが注目される。

②欧米株に関する気がかりなチャート

図53：7大IT株のS&P500時価総額に占めるシェアは約3割もある

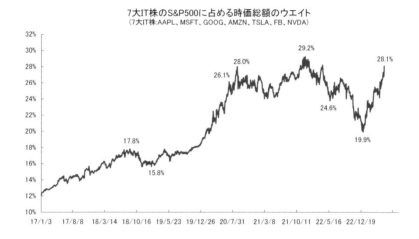

7大IT株のS&P500に占める時価総額のウエイト
（7大IT株:AAPL、MSFT、GOOG、AMZN、TSLA、FB、NVDA）

（データ出所）Investing.com

　米国を代表する7大IT株の時価総額はS&P500銘柄全体の28%を占めている。しかもアップル1社だけで7.6%のシェアがある。だが、これだと分散投資を原則とする機関投資家には受け入れがたいという意見もあり、そうしたお金の一部が日本株に流れている。またIT株の株価収益率（PER）は70倍以上もあり、金利上昇に対し脆弱な側面は無視できない。

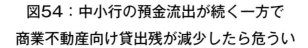

図54：中小行の預金流出が続く一方で
商業不動産向け貸出残が減少したら危うい

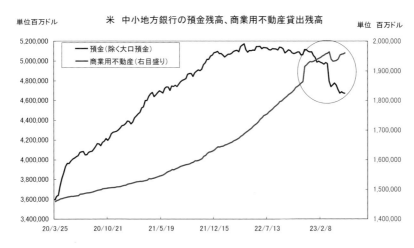

単位百万ドル　　　　米　中小地方銀行の預金残高、商業用不動産貸出残高　　単位 百万ドル

凡例：
── 預金（除く大口預金）
── 商業用不動産（右目盛り）

（データ出所）FRB

　米国ではいま中小の銀行から預金が流出している。預金金利が0.6%程度なのに、信用力がはるかに勝る米短期国債の利回りが5%では勝負にならない。ただ預金は全額保護されることになったので、預金者が慌てて預金を引き出すことはなくなった。だが、それでも預金の減少は止まらないだろう。それ以上に問題なのは、株券が紙屑になる恐怖を抱いた株主が急いで株を処分しようとすることだ。銀行株の下落が止まらないのはこのためだ。

　さらに要注意なのは、商業用不動産貸出の残高が維持されるかどうかだ。この貸出残が減少するようなら90年代の日本と同様、米国でも不動産バブルが崩壊するだろう。

図55：NYの商業不動産REIT株価はこの1年で7割安

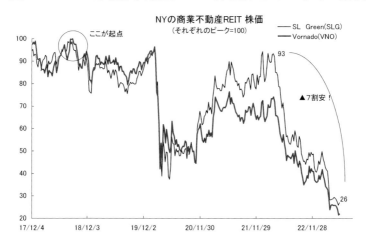

（データ出所）yahoo!finance USA

　米国の大都市ではテレワークの普及で、オフィスビルの空室率は2〜3割もある。このためNY市の2大オフィスビル会社のREIT価格はこの1年で7割も下落している。このことは、不動産担保融資の不良債権化が相当進んでいるということでもある。

　商業用不動産向け融資の7割は、いま預金の減少に苦しむ中小の銀行が行っている。銀行は資金繰り上、預金が減少すると貸出も減らさざるを得ない。そうなると商学用不動産は売りが売りを呼ぶ悪循環となり、恐慌の二文字が点滅することになろう。

図56：ウクライナ戦争以降、欧州銀行株は急落したまま 元に戻らない

ロシア・ウクライナ侵攻前後の欧州銀行株価とユーロドル
（各行の2022年2月高値=100）

銀行株価 ／ ユーロドル

ウクライナ侵攻
2月24日

エアステ（墺）
ドイツ銀
ソシエテG（仏）
ラウファイゼン（墺）
ユーロドル

（データ出所）Investing.com

　銀行の資産内容が劣化しているのは欧銀も同じで、米国と同様、銀行預金から高利回りのMMFに資金シフトが進んでいる。米国と違うのは欧州の場合、銀行が破綻の危機に瀕した際に欧州中央銀行（ECB）が救済出来るとは限らないことだ。2011年のギリシャ危機では、南欧の銀行救済にドイツ国民の税金を投入するのかと、反対の大きな声があがったことは記憶に新しい。

　ウクライナ戦争後、一部の株価は急落したまま元に戻っていない。とくに危ういのは、東欧やロシア向けの債券が多いオーストリア最大のラウファイゼン銀行で、株価は22年2月高値の半値に沈んだままだ。

図57：1931年の金融恐慌時、欧州債は軒並みデフォルトし、米国に資金逃避をした

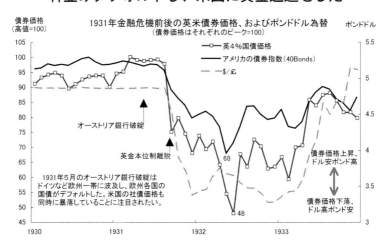

1931年金融危機前後の英米債券価格、およびポンドドル為替
（債券価格はそれぞれのピーク=100）

債券価格
（高値=100）

ポンドドル

- 英4%国債価格
- アメリカの債券指数（40Bonds）
- $/£

オーストリア銀行破綻

英金本位制離脱

1931年5月のオーストリア銀行破綻は
ドイツなど欧州一帯に波及し、欧州各国の
国債がデフォルトした。米国の社債価格も
同時に暴落していることに注目されたい。

68

48

債券価格上昇、
ドル安ポンド高

債券価格下落、
ドル高ポンド安

（データ出所）Banking & Monetary Statistics、日銀本邦経済統計

　「金本位制停止」として歴史に名を残す1931年5〜9月の金融危機も、オーストリアの銀行倒産がきっかけだった。このときは1917年のロシア革命で中東欧とロシアの交易が途絶え、オーストリア最大手銀行の中東欧向け融資が不良債権化した。この金融危機は国境を超えて波及し、欧州各国の国債がデフォルトする一大金融危機となった。翻っていま、中東欧ではロシアとの交易が途絶えており、90年前と同じような事態が起こりつつあるのでないか。

図58：長らくマイナス金利を導入していた欧銀や邦銀の
財務レバレッジは過大

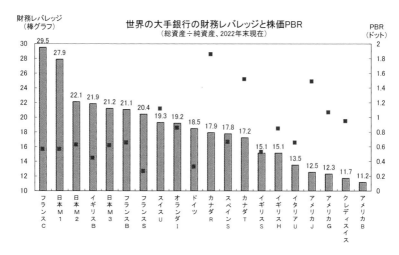

財務レバレッジ
（棒グラフ）

世界の大手銀行の財務レバレッジと株価PBR
（総資産÷純資産、2022年末現在）

PBR
（ドット）

（データ出所）Investing.com

　欧州や日本の銀行の不安材料は、財務レバレッジ（総資産÷自
己資本）が大きいことだ。欧州や日本ではマイナス金利が長く続
いたので、銀行は収益確保のためリスクを取らざるを得なかった
のである。しかし金利が上昇に転じたいま、高レバレッジの銀行
には逆風が吹いている。こうした銀行の純資産倍率（PBR）は軒
並み1を割り込んでおり、株式市場の評価は低い。

③慌てなくても大丈夫、年末までには株式投資のチャンスが巡ってくる

図59：アルゼンチン株は語る→超インフレ時は株を買うべし

アルゼンチンの株価
（ドル建ては2021年12月末=100）

（データ出所）Investing.com

　財政悪化で金利が大幅に上昇した場合、最も打撃が大きいのは債券市場である。その場合は株式市場も影響を免れず、換金売りが相次ぐだろう。だが金利が著しく上昇する場合は、株式を売却した資金の受け皿となる債券が、信頼できる資産ではなくなっている可能性がある。その場合は資金が貴金属や原油、穀物などの実物資産になだれ込むのではないか。

　だが商品相場は市場規模が小さすぎるため、そうした商品を扱う総合商社や石油会社の株式にも資金が流入するだろう。W・バフェットが日本の商社株や米石油株に集中投資を行っているの

は、そのような事態を先読みしているとしか思えない。

図60：TOPIXはバブル崩壊後、
７回も抜けなかった上値抵抗線をついに抜けた

TOPIX　月足株価と長期移動平均

（データ出所）東証

　前述の考えに立てば、政府債務が多い国の債券は信頼出来ない
ので、極端な金融危機時には、そういった国ほど債券から株式に資
金が向かうだろう。いま日本では日銀が国債を買い支えており、
その国債保有残高は発行済み総額の過半を占める。戦時中、日銀
は国債発行残高の8割相当を保有していたが、それに匹敵する状
況だ。

　このところ日本株が急騰しており、TOPIXのチャートは90年以
降、7回に亘って抜けなかった抵抗線を上抜いた。アルゼンチンの
ように財政が破綻した国では、債券よりも実物資産としての側面

を持つ株式が選好される。いま外国人は、日本もアルゼンチン化し始めたと考え、株を買っているのだろうか。

図61：日本株の実質値は逆三尊形
→インフレヘッジで買いが急増する予感

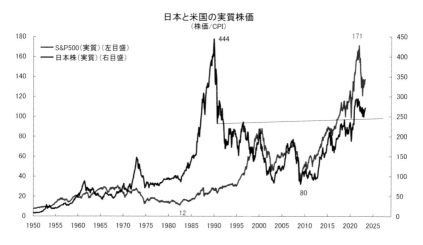

日本と米国の実質株価
（株価/CPI）

（データ出所）総務省、米労働統計局

　日米の株価を消費者物価指数で割った「実質株価」をみると、日本株は逆三尊形になっており、さらなる上昇が期待できる形になっている。このことは、株価が物価以上に上昇することを示している。日本の物価上昇率が実態より低めに表示されていることがその一因だ。

図62：日本の物価前年比は帰属家賃を除くベースでは
一時5%を超えた

日本の消費者物価　前年比騰落率

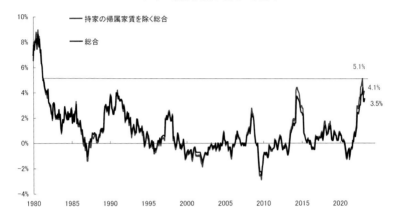

（データ出所）総務省

　日本の消費者物価指数は、持ち家も家賃を払っているとみなす
「帰属家賃」のウエイトが16％もある。総務省のデータによると、
「帰属家賃」の物価は前年比0.1％しか上昇していない。日本の物
価指数は実体より過小に計上されているというのはこのためだ。

図63：日米のマネーストック伸び率は逆転、日本株優位の時代が到来か

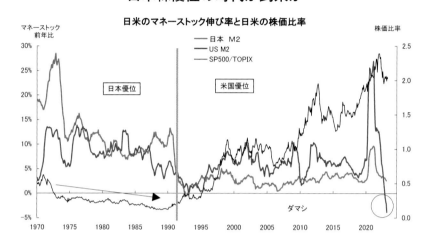

日米のマネーストック伸び率と日米の株価比率

（データ出所）日銀、FRB

　2022年暮れ以降、日本と米国のマネーストックM2の伸び率が逆転しており、今後は、米国株より日本株の方が有望かもしれない。

　マネーの伸び率が大きいということは、銀行貸出等が堅調に推移しているということでもある。だとすると、日本のほうが米国より景気がマシという見方も出来る。そうした判断が株価比率にも反映されるということだ。

図64：日経平均は日銀当座預金増に支えられている

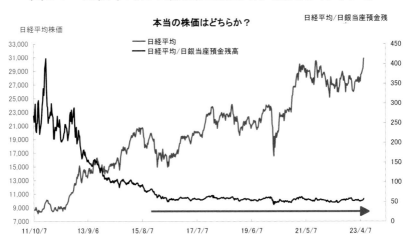

本当の株価はどちらか？

日経平均株価

日経平均／日銀当座預金残

凡例：
― 日経平均
― 日経平均／日銀当座預金残高

（データ出所）日銀

　日銀の量的緩和の結果、インフレと円安が止まらなくなり、日本株が上がるケースもありえる。株式には実物資産としての側面があるからだ。

　筆者が考える株価のイメージは、7－9月は世界的な株価調整局面に入り、各国株価は6月高値から2〜3割は下落するというものだ。きっかけはウクライナ戦争が隣国ポーランドに飛び火するとか、イスラエルの対イラン攻撃といった地政学要因ではないか。後者の場合は第三次石油ショックに発展する可能性がある。

　その時、日銀はこれまで以上に徹底して国債を買い支えるだろう。そうなると株価は多少のタイムラグはあるものの、上昇に転じるに違いない。値下がりが確実な債券はとても買えないからだ。

　2015年以降、「日本株÷日銀の当座預金残高」は横ばいになっ

ている。つまり、アベノミクス以降の株価は日銀の国債買い支え
資金で維持されている。それに日銀はいざとなれば、株式のETF
買いの枠も拡大するだろう。

図65：米国株の本当のピークは2000年、
労働参加率のピークも左記を裏付け

（データ出所）米労働統計局、FRB

　同じことは米国株についても言える。「米国株÷ベースマネー」
は2000年をピークに右肩下がりとなっている。また労働参加率
（15歳以上で働く意志表示をしている人口の割合）も2000年が
ピークである。つまり米国経済の本当のピークは2000年で、この
後に起きたITバブル崩壊や911事件で、米国の衰退が始まったと
いうことだ。

図66：世界株価指数は日米欧３中銀の資産合計と連動

日米欧・中央銀行の資産総額（ドル換算）とMSCI世界株価指数　　単位 十億ドル

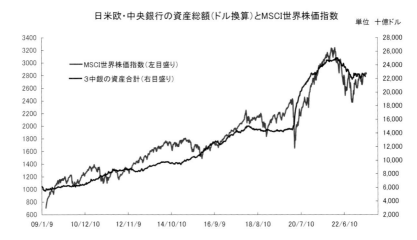

（データ出所）FRB、ECB、日銀、MSCI

　株価はもはや経済の実体を示すモノサシではなくなっている。日米欧3極中央銀行の資産合計と株価時価総額が連動していることに注目されたい。これは中央銀行が量的緩和に転じたら株価は上昇し、引き締めに転じたら世界の株価は下落してしまうということだ。

図67：日銀が量的緩和を継続している間に欧米は逃げの姿勢

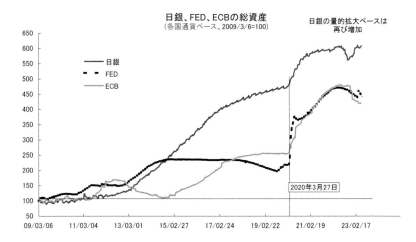

日銀、FED、ECBの総資産
（各国通貨ベース、2009/3/6=100）

日銀の量的拡大ペースは
再び増加

2020年3月27日

（データ出所）FRB、ECB、日銀

　実際、2021年秋〜22年9月末にかけて、各国中央銀行が引き締め基調に転じた途端に、世界の株価は下落し始めた。22年の世界的な株価下落はこのためだ。

　一方、22年10月から株価が上向いたのは、FRBとECBが引き締めを継続する中、日銀が国債を90兆円以上も購入し、世界に流動性を供給したからだ。

　10月中旬に一時1ドル150円まで円安が進んだが、そこで異例とも言える円買いドル売り介入を行ったことも、ドルベースでの中央銀行資産総額の増加につながった。

図68：世界流動性は円安の影響で目減り
→どこかで一旦、円高に修正するだろう

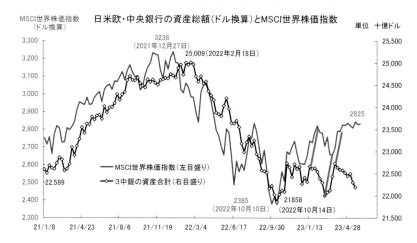

日米欧・中央銀行の資産総額（ドル換算）とMSCI世界株価指数

（データ出所）FRB、ECB、日銀、MSCI

　世界の株価は、昨年9月末をボトムに急騰している。しかしこの
ところ、また中銀の資産総額は再び落ち始めている。筆者が7～
9月のどこかで株価が急落するとみるのはこのためだ。

図69：日本株　ドル建てでは「21年高値− 22年安値」の4割しか戻っていない

ドル建てTOPIX

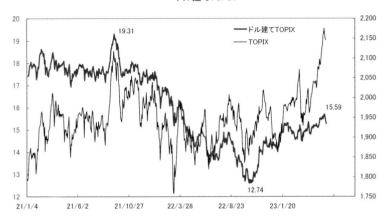

（データ出所）Investing.com

　筆者が想定するように、7月以降、株価が急落する局面があれば、日銀は国債や株式ETFを徹底的に買い支えるだろう。しかし、その時は円安も加速することを見落としてはならない。かくして、ドルベースでみた日本株は極めて割安な水準となる。海外投資家はそのタイミングを待っているのでないか。何せ、いま株価が急騰していると言っても、ドル換算ベースでは21年ピーク時の4割程度に留まっているのだ。

　5月20日付けの英フィナンシャルタイムズ紙は、急騰する日本株について次の分析記事を掲載した。「①日銀が金利上昇を抑制した結果、円は過去20年間で最安となり、日本株はお買い得になった、②外国企業が円安を利用して日本企業を安く買い叩くな

ら、日本の当局は警戒心を抱くだろう。これが最大の懸念材料だ」。

株価の上昇を喜んでいる場合ではないのかもしれない。欧米の植民地が迫っていた幕末の市民も同じ気持ちだったのではないか。

図70：高値から時間が経過した今も
実質価格が低迷する銀と小麦は狙い目

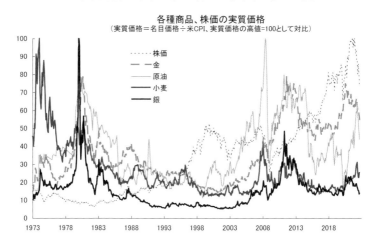

各種商品、株価の実質価格
（実質価格＝名目価格÷米CPI、実質価格の高値＝100として対比）

（データ出所）米労働統計局、WSJ電子版

最も値上がりするであろう投資対象は銀と小麦であろう。その理由は、①名目価格を物価で割り引いた実質価格が他の投資対象と比べ低迷している。②前回の高値から時間が経過している、からだ。マーケットは通貨価値の目減り（インフレの加速）と食料危機の到来を暗示しているのでないか。

次はこうなる
特別編

２０２３年７月１９日　初版第１刷発行

著　者　　渡邉秀雄・市岡繁男

発行所　　ＩＣＩ．アイシーアイ出版

　　　　　東京都豊島区千早３－３４－５

　　　　　TEL &FAX ０３－３９７２－８８８４

発売所　　星雲社（共同出版社・流通責任出版社）

　　　　　郵便番号１１２－０００５　東京都文京区水道１丁目３－３０

　　　　　TEL ０３－３８６８－３２７５　FAX ０３－３８６８－６５８８

印　刷
製本所　　モリモト印刷

@Hideo Watanabe　@Shigeo Ichioka

ISBN ９７８－４－４３４－３２４４６－８

定価はカバーに表示してあります。